CHILE

INSIDER-TIPP
Deine Abkürzung ins Erleben!

Reisen mit MARCO POLO Insider-Tipps

MARCO POLO TOP-HIGHLIGHTS

VALLE DE LA LUNA ★1

Endlose Sanddünen, bizarre Felsstrukturen in der Atacamawüste – eine der spektakulärsten Landschaften Chiles

Tipp: Auf der Duna Mayor machst du die besten Fotos vom Sonnenuntergang

➤ S. 53, Der Norden

ISLA DAMAS ★2

Delfine, Pinguine und Wale rund um die unbewohnte Insel im Pazifik in ihrem natürlichen Umfeld erleben

➤ S. 61, Der Norden

VALLE DEL ELQUI ★3

Dieses mystische Tal zieht Hippies und Sternengucker aus der ganzen Welt an

Tipp: Bei Neumond kannst du hier tolle Bilder vom Sternenhimmel machen

➤ S. 62, Der Norden

BARRIO YUNGAY ★4

Das hippe Künstlerviertel im historischen Stadtkern der Metropole Santiago ist wie eine Freiluftgalerie der Streetart

➤ S. 70, Die Mitte

VALPARAÍSO ★5

Die Hafenstadt mit ihren farbenfrohen Häusern und steilen Hügeln ist Treffpunkt der alternativen Kunst- und Musikszene

Tipp: Vom Aussichtspunkt Mirador Yugoslavo aus kannst du in der Abenddämmerung die Lichter der Stadt einfangen

➤ S. 76, Die Mitte

PARQUE NACIONAL CONGUILLÍO 6

Jahrhundertealte Araukarienwälder machen diesen Nationalpark zu einem zauberhaften Ort (Foto)

📷 *Tipp: Die Bäume aus der Froschperspektive fotografieren!*

➤ S. 91, Der Süden

VULKAN VILLARRICA 7

Einen aktiven Vulkan besteigen und in die Lava blicken – von Pucón aus kein Problem

➤ S. 93, Der Süden

ISLA DE CHILOÉ 8

Die Holzkirchen auf dieser Insel gehören zum Unesco-Weltkulturerbe, und die Bewohner glauben an Hexen und Geisterschiffe

➤ S. 97, Der Süden

CARRETERA AUSTRAL 9

Diese Panoramastraße ist 1200 km lang und lädt zu einem abenteuerlichen Road-Trip durch den Süden Patagoniens ein

➤ S. 105, Patagonien

PARQUE NACIONAL TORRES DEL PAINE 10

Dieser Nationalpark lässt die Herzen von Naturfans höher schlagen – nicht umsonst wurde er zum 8. Weltwunder gewählt!

📷 *Tipp: Frühaufstehen wird mit einem einzigartigen Foto vom Sonnenaufgang zu Füßen des Felsmassivs belohnt*

➤ S. 106, Patagonien

INHALT

⏲	Besuch planen	🍴	Essen/Trinken
€-€€€	Preiskategorien	👜	Shoppen
(*)	Kostenpflichtige Telefonnummer	🍸	Ausgehen
		⛱	Top-Strände

(🗺 A2) Herausnehmbare Faltkarte
(0) Außerhalb des Faltkartenausschnitts

BESSER PLANEN MEHR ERLEBEN!

Digitale Extras
go.marcopolo.de/app/chl

MARCO POLO
DIGITALE EXTRAS

DIGITAL NOCH MEHR ERLEBEN

Schneller in Urlaubslaune kommen.

Perfekt organisiert sein – vor, während und nach dem Urlaub.

Mit der MARCO POLO Touren-App und unseren digitalen Angeboten.

Noch mehr Trendziele, Inspiration und aktuelle Infos findest du auf **marcopolo.de**

SO EINFACH GEHT'S

1. Website besuchen
2. Die digitale Welt von MARCO POLO entdecken
3. App runterladen und ab in den Urlaub

Alle Infos zum digitalen Angebot unter **marcopolo.de/app**

DAS BESTE ZUERST

Dramatische Bergwelt im Nationalpark Torres del Paine

BEST OF

BEI REGEN

SCHÖN, AUCH WENN ES REGNET

HOLZKIRCHEN OHNE NAGEL
Die Insel *Chiloé* kann sich über mangelnden Regen nicht beklagen. Vor einem Schauer fliehst du am besten in eine der 150 Holzkirchen – alle ohne einen einzigen Nagel gefügt und meist mit farbigen Schindeln verkleidet, wie z.B. die Kathedrale von Castro.
➤ S. 98, Der Süden

IM TIEFEN KELLER
Zumindest einen Tag, an dem das Wetter mal nicht mitspielt, kannst du zum Besuch einer der großen Weinkellereien vor den Toren Santiagos nutzen. Im *Valle de Casablanca* (Foto) bieten mehrere Weingüter Führungen mit Verkostungen an.
➤ S. 82, Die Mitte

BEIM DICHTER ZU HAUSE
Der Nobelpreisträger *Pablo Neruda* hatte nicht nur eins, sondern gleich drei Häuser. In Santiago, Valparaíso und Isla Negra kannst du mehr über das Leben des Dichters erfahren und bei einem Rundgang in die Vergangenheit reisen.
➤ S. 69, 78, 83, Die Mitte

MUSEUM MIT AUFTRAG
Das *Museo de la Memoria* in Santiago erzählt die Geschichte der blutigen Militärdiktatur (1973–90) unter Augusto Pinochet und trägt so zur gesellschaftlichen Aufarbeitung bei; es ist den Opfern von Menschenrechtsverletzungen der Vergangenheit und der Gegenwart gewidmet.
➤ S. 71, Die Mitte

TRINKEN & TANZEN
Wenn es in der Hafenstadt *Valparaíso* mal regnet, dann kannst du dich in eine der urigen Bars, z.B. in das seit 1897 bestehende *Liberty*, setzen und bei einem Glas Wein den *porteños* beim Cuecatanzen zusehen.
➤ S. 80, Die Mitte

BEST OF LOW-BUDGET

FÜR DEN KLEINEN GELDBEUTEL

DEN STERNGUCKERN ZUSCHAUEN

Den 300 klaren Nächten über der Atacamawüste ist es zu verdanken, dass einige der größten Observatorien der Welt hier ihre Augen ins All richten. Die faszinierenden Anlagen können – freilich tagsüber – kostenlos besichtigt werden. So die auf dem *Cerro Paranal* (Foto).

➤ S. 57, Der Norden

DIE GRÖSSTE GRUBE DER WELT

Im gigantischen Tagebau *Chuquicamata* in der Atacamawüste wird Chiles wertvollster Schatz aus der Erde geholt: Kupfer. Die beeindruckenden Anlagen kannst du kostenlos besuchen; die Anmeldung mehrere Tage vorher ist allerdings nötig.

➤ S. 50, Der Norden

MUSEEN, MUSEEN, MUSEEN ...

Seit 2015 sind alle staatlich verwalteten Museen gratis – darunter Kunstsammlungen wie das *Museo de Bellas Artes* in Santiago und das faszinierende Archäologische Museum *(Museo Arqueológico)* in La Serena.

➤ S. 59, Der Norden/S. 69, Die Mitte

PARKVIERTEL MIT FUNFAKTOR

Der Park am *Cerro Cristobal* mitten in Santiago ist der größte Stadtpark Lateinamerikas und der viertgrößte der Welt. Du kannst dort picknicken, Rad fahren, wandern, die Aussicht auf die Stadt genießen und für kleines Geld den Zoo oder das Freibad besuchen.

➤ S. 68, Die Mitte

AM MAPUCHE-WEBSTUHL

Von der Spinnspule über das Färben mit Pflanzensaft bis zum Webrahmen: Auf dem Gelände der Fair-Trade-Stiftung *Cholchol* bei Temuco zeigen Mapuche-Frauen kostenlos, wie ihre schönen Textilarbeiten entstehen.

➤ S. 91, Der Süden

BEST OF MIT KINDERN

SPANNENDES FÜR GROSS & KLEIN

DEM HIMMEL SO NAH

Spannend ist der Blick in die Sterne im Lehrobservatorium *Mamalluca* bei Vicuña im Valle del Elqui. Die Anlage verfügt zwar nur über ein 12-Zoll-Teleskop, eröffnet aber mit Multimediashows auch Laien den Zugang zum Kosmos und zum südlichen Sternenhimmel.

➤ S. 62, Der Norden

TECHNIK ZUM ANFASSEN

Wissenschaft und Technik zum Anfassen und spielerischen Begreifen – das ist das Konzept des *Museo Interactivo Mirador (MIM)* am Stadtrand von Santiago. Ein wundervoller Tag für neugierige Große und Kleine.

➤ S. 71, Die Mitte

AUF PFERDERÜCKEN

Auf Pferden durch die Anden reiten und die Umgebung entdecken – die *Rancho Carhuello* in Pucón bietet mehrstündige oder ganztägige Ausflüge für die ganze Familie an – ein Riesenerlebnis für die Größeren!

➤ S. 36, Sport

AUF ZUR PLAZA!

Die chilenischen Kinder spielen auf der Plaza in ihrem Stadtviertel oder im Park. In Valparaíso auf der *Plaza Victoria* können die Eltern Dreiräder ausleihen, im *Parque de los Reyes* in Santiago gibt es einen der besten Skateparks der Stadt, auf der *Plaza Brasil* wartet ein bunter Spielplatz.

URLAUB MIT HUSKYS

Die *Huskyfarm Aurora Austral* der deutschen Familie Jakob am Vulkan Villarrica ist ideal für einen Aktivurlaub mit Kindern. Huskys stehen für Schlitten- und Karrentouren bereit, ein Abenteuerpfad führt durch ein Stück Urwald, ein Flüsschen lädt zum Baden ein, Pferde und Fahrräder können ausgeliehen werden.

➤ S. 93, Der Süden

BEST OF

TYPISCH

DAS ERLEBST DU NUR HIER

WIE AUF DEM MOND

Ein Ort wie aus dem Science-Fiction-Film: die in allen Farben schillernden Felsspitzen und Salzberge im *Valle de la Luna* bei San Pedro de Atacama. Setz dich auf eine Sanddüne, lass den Blick schweifen zu den Vulkankegeln am Horizont und warte, bis die Abendsonne das Panorama in ein unwirkliches Licht taucht.

➤ S. 53, Der Norden

GENUSS FÜR DIE SINNE

Auf zum Sinnesrausch auf Santiagos Obst- und Gemüsemarkt *La Vega Central!* Ob saftige Pfirsiche, süße Melonen oder reife Avocados – an den Ständen häufen sich die Leckereien, angepriesen von unermüdlichen Marktschreiern; probier, wo du kannst!

➤ S. 68, Die Mitte

PER SCHIFF ANS ENDE DER WELT

Der patagonische Wind zerrt an der Jacke, stolze Albatrosse ziehen vorbei, Delfine springen aus den Wellen. Und dann leuchtet blau ein Gletscher zwischen den Nebelbänken am Ufer des Fjords hervor … Auf *Schiffstouren* kann man man den Südzipfel des Kontinents vom Wasser aus erleben.

➤ S. 110, Patagonien

HAFENROMANTIK UND STRASSENKUNST

Die Hafenstadt Valparaíso am Pazifik gilt als Zentrum der Streetart. Mit knarzenden Aufzügen, den *ascensores,* kannst du auf die Hügel der Stadt fahren, von denen manche zum Unesco-Welterbe erklärt wurden (Foto).

➤ S. 78, Die Mitte

BEI PUTZIGEN PINGUINEN

Man muss nicht bis in die Antarktis fahren, um Pinguine zu sehen! Bei Punta Arenas gibt es mehrere Kolonien der zutraulichen Magellanpinguine – z.B. auf der *Isla Magdalena.*

➤ S. 110, Patagonien

SO TICKT CHILE

Kamera ab: Alpaka-Schönheit am Lago Llanquihue

ENTDECKE CHILE

Die Plaza de Armas in Santiago – das Zentrum einer modernen Metropole

Rote Felsschluchten, Strände, tiefblaue Seen, schneebedeckte Vulkane, Gletscher – kein anderes Land der Welt vereint so viele landschaftliche Kontraste und Klimazonen wie Chile. Auch seine Form und Lage sind einzigartig: Ein schmaler Streifen von etwa 180 km Breite und 4300 km Länge erstreckt sich zwischen Andengebirge und Pazifischem Ozean.

KULTURELLE VIELFALT IN DER PULSIERENDEN HAUPTSTADT

Schon kurz vor der Landung in Santiago kann man vom Flugzeug aus die schneebedeckte Andenkette bestaunen. Sie hat Chile lange nicht nur geografisch, sondern auch kulturell von seinen lateinamerikanischen Nachbarn abgeschottet. Doch seit einigen Jahren ist das Land zum Ziel von Einwanderern geworden. In der Hauptstadt Santiago de Chile lernt man deshalb nicht nur

um 6 000 v. Chr. Chinchorro-Kultur bei Arica bestattet Tote als Mumien

1541 Pedro de Valdivia gründet Santiago

1810 Erste Nationalregierung und Unabhängigkeitserklärung

1850–1910 Deutsche *colonos* besiedeln den Süden

1866–83 Chilenische Truppen unterwerfen gewaltsam die Mapuche

1879–84 Salpeterkrieg gegen Bolivien und Peru um Nitratvorkommen in der Atacamawüste

Chilenen kennen. Fast ein Drittel der Bewohner des Stadtzentrums sind Migranten aus Peru, Kolumbien, Venezuela, Bolivien, Argentinien, Ecuador und Haiti. Die kulturelle Vielfalt findet man nicht nur in der Fusionsküche der zahlreichen Restaurants wieder, sondern auch in der Musikszene, auf den Märkten und öffentlichen Plätzen. Dort pulsiert das Leben nicht nur tagsüber – Feier- und Tanzfreudige können in den *discotecas* die Nacht zum Tag machen.

LAND DER GEGENSÄTZE

Nicht nur landschaftliche, sondern auch soziale Gegensätze prägen Chile. Die Kontraste zwischen Arm und Reich kann man schon auf dem Weg vom Flughafen ins Stadtzentrum bei einem Blick aus dem Fenster beobachten. Chile ist eines der Länder mit der größten sozialen Ungleichheit der Welt. Das ist die Konsequenz des neoliberalen Wirtschaftssystems, das während der Pinochet-Diktatur (1973–90) eingeführt wurde. Gesundheits-, Bildungs- und Rentensystem sowie die Wasserversorgung wurden privatisiert, und der Staat lässt internationalen Unternehmen bei niedrigen Steuern und laxer Umweltgesetzgebung freie Hand bei der Ausbeutung der natürlichen Ressourcen. Die Militärdiktatur von Augusto Pinochet wurde bis heute nicht aufgearbeitet. Pinochet starb, ohne je für seine Gräueltaten verurteilt zu werden. Viele seiner Unterstützer sind heute als Minister tätig, und die Verfassung aus der Diktatur ist immer noch gültig. Im Oktober 2019 entstand deshalb eine landesweite Protestbewegung, die es immerhin erreichte, den Weg zur Ausarbeitung einer neuen Verfassung zu öffnen.

1966–71 Verstaatlichung des Kupferbergbaus

1970 Salvador Allende wird Präsident

1973 Militärputsch am 11. Sept.; es folgen 17 Jahre Diktatur unter General Pinochet

1990 Rückkehr zur Demokratie

2019 Landesweiter Aufstand im Okt.; Forderung nach einer neuen Verfassung

Dez. 2021 Der ehemalige Studentenführer Gabriel Boric wird zum Staatspräsidenten gewählt

HUMOR, LEBENSFREUDE UND GASTFREUNDSCHAFT

Die Chilenen haben eine ganz besondere Art, Probleme und schwierige Situationen mit Humor zu nehmen. Sie lassen sich ihre Lebensfreude durch nichts nehmen. Die meisten sind neugierig und interessiert an Besuchern aus fernen Ländern und sehr gastfreundlich. „¿Te gusta Chile?" (Gefällt dir Chile?) ist meist eine der ersten Fragen. Wenn man dann ins Gespräch kommt, wird man im Nu zum Grillen eingeladen. Wahrscheinlich wirst du aber am Anfang nur wenig verstehen, auch wenn du glaubst, Spanisch zu sprechen. Die Chilenen sind nämlich Meister im Schnellsprechen und Verschlucken von Endungen und haben ihr ganz eigenes Vokabular.

STRAND, WANDERN UND ABENTEUER

Morgens in den Bergen wandern und abends am Strand Meeresfrüchte essen – das ist in dem schmalen Land möglich. Die Andenkette, die umliegenden Täler und Wälder und die über 100 Nationalparks und -reservate sind von zahlreichen Wanderwegen durchzogen. Von Wüstentrekking über Bergwandern bis zur Vulkanbesteigung ist für jeden Abenteuerlustigen etwas dabei. Wer lieber Strand als Berge mag, der hat an der Tausende Kilometer langen Küste eine riesige Auswahl an paradiesischen Stränden, die zum Surfen und Baden einladen – aber Achtung, das Pazifikwasser kann ziemlich kalt sein!

UNVERGESSLICHE LANDSCHAFTEN UND VIELFÄLTIGE TIERWELT

Vulkane, Regenwälder, Wüsten, Steppen, Gletscher, Flüsse, heiße Quellen und endlose Strände – in Chile findet man fast alle Klimazonen. In der Atacamawüste im Norden kannst du atemberaubende Sonnenuntergänge in den Felslandschaften beobachten und am Nachthimmel die Milchstraße sehen, im Zentrum und im Süden durch Wälder und Täler wandern und in Patagonien die traumhaften Landschaften und Gletscher bestaunen. Chile ist außerdem das Zuhause zahlreicher Tierarten. An der Küste tummeln sich Wale, Delfine, Pinguine und Seelöwen. Auf dem Land leben Kamelarten wie Vicuñas, Guanacos und Alpakas sowie der Andenhirsch Huemul, Pumas und Flamingos. Vogelbeobachter sind vor allem scharf auf den Andenkondor, ein Nationalsymbol. Doch der Klimawandel macht der Natur zu schaffen. Eine schwere Dürre hat viele Flüsse ausgetrocknet, während die Gletscher in Patagonien schmelzen. Bergbau und Agrarindustrie verstärken die Krise. In der Atacamawüste wird z.B. viel Wasser beim Abbau von Lithium verbraucht, das für die Herstellung von Elektroautos nach Europa exportiert wird. Im Süden wird immer mehr Wald abgeholzt und weicht Forstplantagen, die die Lebensgrundlage der indigenen Mapuche zerstören. In Patagonien verpesten Lachszuchtfarmen das Wasser, Fischer verlieren ihre Arbeit.
Chile, ein Land der Gegensätze in vielerlei Hinsicht. Um es richtig kennenzulernen, solltest du ausreichend Zeit mitbringen oder dich auf ein oder zwei Regionen konzentrieren – und immer auch einen Blick hinter die Fassade werfen!

AUF EINEN BLICK

18,7 MIO.
Einwohner

Nordrhein-Westfalen: 17,9 Mio.

7000 JAHRE
alt ist die älteste Mumie der Welt, die in der Atacamawüste gefunden wurde

6435km
Küstenlänge

Festland-Küstenlänge an der Ostsee: 328 km

756.700 km²
Fläche

Damit ist Chile etwa doppelt so groß wie Deutschland

SONNENSTUNDEN/ JAHR
4000
Damit ist die Atacamawüste die trockenste Wüste der Welt

MIT
9,5
AUF DER RICHTER-SKALA WAR DAS ERDBEBEN VON VALDIVIA 1960 DAS STÄRKSTE DER WELT

WOLKENLOSE TAGE IM JAHR:
300
CHILE HAT DEN KLARSTEN HIMMEL DER WELT ZUR STERNENBEOBACHTUNG

1835 GLETSCHER

gibt es in Chile; 80% der Eisoberfläche Südamerikas gehören zu Patagonien; 90% der Gletscher schmelzen aktuell

88 %

der Bevölkerung leben in den Städten (Deutschland 76 %)

105
Nationalparks, -reservate und -monumente sind in Chile gelistet

90 KG PRO KOPF UND JAHR BROTVERBRAUCH DER CHILENEN (D: 85 KG)

CHILE VERSTEHEN

DIE GROSSE KLUFT

Chile gilt als Vorzeigeland Lateinamerikas. Es ist das wirtschaftlich und politisch stabilste Land der Region, hat sich der globalen Wirtschaft geöffnet, ausländische Investoren ins Land gelassen und Freihandelsverträge abgeschlossen. Der Export boomt. Aber der Wohlstand ist extrem ungleich verteilt. Chile ist der OECD-Staat mit der größten sozialen Ungleichheit. Ein Prozent der Bevölkerung besitzt ein Drittel des Vermögens. Die Hälfte der Chilenen verdient weniger als 500 Euro im Monat, bei Lebenshaltungskosten, die denen in Europa ähneln. 80 Prozent der Chilenen sind verschuldet. In der Hauptstadt Santiago kann man die Kluft zwischen Arm und Reich mit eigenen Augen sehen. Die Plaza Italia gilt als die Trennlinie in der Stadt. Man wohnt entweder oberhalb oder unterhalb davon. „Unten" *(abajo)*, das heißt im Südwesten, in Vierteln wie Pudahuel, Maipú oder San Bernardo, wo die meisten Menschen vom Mindestlohn leben, es kaum Parks gibt, dafür viel Gewalt und Drogenhandel. Wenn man nach „oben" *(arriba)* fährt, das heißt Richtung Nordosten, nach Providencia, Las Condes und Vitacura, dann wird die Luft sauberer, die Parks werden grüner, die Häuser schicker und viele Leute sind auf einmal blond und blauäugig, weil sie europäische Vorfahren haben.

EINWANDERUNGSLAND

Die Straßenverkäufer in Chile verkaufen nicht nur chilenische *sopaipillas* (Kürbisfladen), sondern auch *arepas* (Maisfladen) aus Venezuela, *ceviche* (Rohfisch) aus Peru und *patacones* (Bananenchips) aus Kolumbien. Chile ist in den letzten Jahren zum wichtigsten Einwanderungsland auf dem Kontinent geworden. Nicht nur was die Gastronomie angeht, ist das wohl das Beste, was dem Land passieren konnte. Die ursprüngliche chilenische Küche ist ziemlich einseitig, und viele Chilenen müssen sich erst betrinken, bevor sie das Tanzbein schwingen. Die Einwanderer aus den Nachbarländern haben neue Gewürze, Geschmacksrichtungen, Rhythmen und Musikstile mitgebracht. Auf den öffentlichen Plätzen wird jetzt Salsa, Tango und Merengue getanzt. Doch nicht alle Chilenen freuen sich darüber. Die Andenkette hat das Land lange nicht nur geografisch, sondern auch kulturell von seinen lateinamerikanischen Nachbarn abgeschottet. Viele sagen sogar, die Chilenen würden sich für *una buena casa en un mal barrio* („ein schönes Haus in einem schlechten Viertel") halten. Deshalb wird es wohl noch eine Weile dauern, bis alle sich mit der neuen kulturellen Vielfalt angefreundet haben.

FRAUENPOWER

Auch wenn in Chile wie in vielen Ländern Lateinamerikas der Machismo stark verankert ist, hat die feministische Bewegung in den letzten Jahren gute Arbeit geleistet. Anmachsprüche auf der Straße, ungleiche Erziehung in der Schule und zu Hause, Gender-Pay-Gap und sexualisierte Gewalt sind Themen, die nicht einfach hingenommen, sondern ständig diskutiert werden. Im Mai 2018, dem *mayo feminista*, haben Studentinnen im ganzen Land die Universitäten lahmgelegt und gegen Sexismus, Missbrauch und Vergewaltigungen an Bildungseinrichtungen gestreikt. An den Protestmärschen am Weltfrauentag nehmen seitdem mindestens eine Millionen Frauen teil, um sich für ihre Rechte einzusetzen. Es kommt nicht von ungefähr, dass eine feministische Performance aus Valparaíso mit dem Namen *Un Violador en tu camino* („Ein Vergewaltiger auf deinem Weg") in der ganzen Welt viral gegangen ist.

EIN KÄMPFERISCHES VOLK

Mapuche heißt übersetzt „Menschen der Erde". Die Mapuche sind das größte indigene Volk Chiles. Der Großteil der Bevölkerung stammt von ihnen ab, obwohl sich nur zehn Prozent als Mapuche identifizieren. Die meisten leben im Süden des Landes in Wallmapu, so nennen sie ihr Territorium in der Sprache Mapudungun. Sie gelten als eines der kämpferischsten Völker Lateinamerikas, weil sie sich erst erfolgreich der Invasion der Inkas und anschließend der Kolonisation durch die Spanier widersetzt haben. Kein anderes Volk auf dem Kontinent konnte so lange seine Unabhängigkeit bewahren. Erst nach der Unabhängigkeit Chiles von Spanien marschierten chilenische Truppen in Wallmapu ein und vertrieben und töteten Tausende Mapuche bei der sogenannten „Befriedung Araukaniens", die in Wirklichkeit eine brutale Militäraktion war. Viele Gebiete übergab der Staat daraufhin europäischen Siedlern aus

Die indigene Ethnie der Mapuche lebt heute vor allem im Süden des Landes

Kupfermine Chuquicamata: gigantischer Tagebau für ein wichtiges Exportgut

Deutschland und der Schweiz. Sie sollten die Region landwirtschaftlich erschließen. Ihre Nachfahren leben bis heute im chilenischen Süden. Viele Mapuche fordern eine Rückgabe ihrer Gebiete, auf denen sich mittlerweile die Forst- und Agrarindustrie ausgebreitet hat.

PROTESTKULTUR

Wenn du dich ein paar Tage in Santiago aufhältst, wirst du wahrscheinlich der ein oder anderen Demonstration begegnen. Seit Chiles Rückkehr zur Demokratie 1990 hat es immer wieder massive Protestbewegungen gegeben, zum Beispiel für ein öffentliches und kostenloses Bildungssystem, gegen das privatisierte Rentensystem, für eine Lockerung des Abtreibungsverbots oder gegen die Straflosigkeit der Menschenrechtsverbrechen aus der Militärdiktatur. Im Oktober 2019 brachte eine Erhöhung der Metro-Fahrpreise in Santiago das Fass zum Überlaufen. Millionen gingen auf die Straße. Es ging schon lange nicht mehr um die Fahrpreiserhöhung, sondern um das neoliberale Wirtschaftssystem, das während der Diktatur mit Gewalt eingeführt wurde und in der Verfassung festgeschrieben ist. Es hat dazu geführt, dass alle sozialen Grundrechte privatisiert wurden und die Lebenshaltungskosten immer weiter gestiegen sind. Die Protestbewegung konnte immerhin erreichen, dass in Chile nun eine neue Verfassung erarbeitet wird – übrigens unter dem Vorsitz von Elisa Loncón, einer Mapuche.

ERDBEBEN

Der chilenische National-Cocktail *Terremoto* (Erdbeben) trägt seinen Namen nicht nur, weil man nach seinem Verzehr nicht mehr geradeauslaufen kann. Chile gehört zu den erdbebenanfälligsten Ländern der Welt. Ein *temblor*, ein leichtes Beben, gehört sozusagen zum Alltag. Das liegt am pazifischen Feuerring, einem Gürtel aus Hunderten aktiven Vulkanen. Verschiedene Platten der Erdkruste treffen hier aufeinander, und das führt zu Erdbeben, Tsunamis und Vulkanausbrüchen. 1960 erlebte das Land das schwerste Erdbeben, das je auf der Welt gemessen wurde – mit 9,5 auf der Richterskala und dem Epizentrum in der Nähe von Valdivia. Im Februar 2010 richteten ein Beben der Stärke 8,8 und der anschließende Tsunami in der Region zwischen Curicó und Concepción schwere Schäden an – Hunderte Menschen starben. Doch die Chilenen, an Naturkatastrophen gewöhnt, rappelten sich auch diesmal wieder auf und begannen schnell mit dem Wiederaufbau. Nach dem Beben 2010 wurde außerdem in ein landesweites Bebenmess- und Vorwarnnetz investiert. In Küstenstädten weisen Schilder im Fall einer Flutwelle den Fluchtweg.

EXPORTWIRTSCHAFT

Avocados, Lachs, Wein, Kupfer, Zellulose, Holz – das sind einige der Produkte, die Chile in die Welt exportiert. Die Wirtschaft des Landes ist auf Export ausgerichtet. Ein neuer Rohstoff, der Interesse im Ausland weckt, ist Lithium, das für die Produktion von Elektroautos benötigt wird. Die Europäische Union, China und die USA sind Chiles wichtigste Handelspartner.

KLISCHEE KISTE

DIE HALBE WAHRHEIT

Wenn dir jemand sagt, „ich gehe jetzt los" *(voy saliendo)*, kannst du davon ausgehen, dass er gerade erst aus der Dusche steigt. „Ich bin fast da" *(estoy llegando)* heißt, er geht gerade los. Die Chilenen flunkern aber nicht nur bei den Zeitangaben, sondern auch bei Verabredungen – und zwar aus Höflichkeit. Wenn jemand mit fester Stimme sagt, „ich rufe dich morgen an" oder „wir sehen uns am Wochenende", musst du damit rechnen, dass das nie passieren wird ...

DIE SCHWEIZ LATEINAMERIKAS

Chile sei das reichste und modernste Land des Kontinents, heißt es häufig. Ja schon, aber das trifft in der Realität nur auf einen sehr kleinen Teil der Gesellschaft zu. Chile ist nämlich auch eines der Länder mit der größten sozialen Ungleichheit der Welt. Hier geht die Schere weit auseinander ...

TANZWÜTIGE LATINOS

Das Klischee, dass Lateinamerikaner/innen am liebsten den ganzen Tag leidenschaftlich Salsa, Tango oder Samba tanzen, trifft auf die Chilenen nicht so ganz zu. Die meisten müssen sich erst ein bisschen Mut antrinken, bevor sie sich auf die Tanzfläche wagen.

Das Land zählt mit 25 Abkommen weltweit zu den Staaten mit der größten Anzahl an Freihandels- und Investitionsabkommen. Allerdings exportiert Chile größtenteils Rohstoffe und importiert Industriegüter und Maschinen. Die ungleichen globalen Handelsverhältnisse führen zu Problemen. So leiden zum Beispiel Gemeinden in den Avocado-Anbauregionen unter Wassermangel. In der Atacamawüste, wo Wasser ohnehin ein knappes Gut ist, pumpen Bergbauunternehmen es aus dem Boden.

CHILENISCHER SOZIALISMUS

In Chile wurde 1970 das erste Mal in der Geschichte ein sozialistischer Präsident demokratisch gewählt. Salvador Guillermo Allende Gossens, ein Arzt mit Schnauzbart und Hornbrille, vertrat den friedlichen „chilenischen" Weg zum Sozialismus – *La Vía Chilena al Socialismo*. Seine Regierung, die Unidad Popular, führte grundlegende soziale Reformen in Chile ein, die vor allem den ärmeren Schichten der Bevölkerung zugutekamen. Er verstaatlichte die Kupferindustrie, führte eine Landreform durch und reformierte das Bildungs- und Gesundheitswesen. Medikamente und Arztbesuche, Bücher und Schulhefte wurden kostenfrei für alle. Täglich gab es einen halben Liter Milch kostenlos für jedes Kind. Doch seine Gegner sabotierten das Projekt. Für den alltäglichen Bedarf produzierte Güter wurden zurückgehalten, Kredite eingefroren, US-amerikanische Geheimdienste finanzierten Streiks von LKW-Fahrern und paramilitärische Oppositionsgruppen. So wurden die Voraussetzungen für den Militärputsch geschaffen. Am Morgen des 11. September 1973 bombardierte die chilenische Luftwaffe den Regierungspalast La Moneda in Santiago, Salvador Allende kam dabei ums Leben.

DAS ERBE PINOCHETS

Der Militärputsch und die darauffolgende 17-jährige Militärdiktatur (1973–1990) unter General Pinochet ist ein gesellschaftliches Trauma in Chile, das bis heute allgegenwärtig ist. Tausende Menschen wurden gefoltert, ermordet oder verschwanden, die *detenidos desaparecidos,* deren Angehörige bis heute nach Gerechtigkeit suchen. Pinochet starb, ohne für seine Menschenrechtsverbrechen verurteilt worden zu sein. Auch viele Militärs sind noch auf freiem Fuß oder sitzen ihre Haft im Luxusgefängnis Punta Peuco ab. Anhänger Pinochets sind bis heute Minister, und auch die Verfas-

Wandbild in Valparaíso zum Gedenken an die Opfer der Pinochet-Diktatur

sung aus der Diktatur ist immer noch in Kraft. Die neue Verfassung könnte dem langen Schatten der Diktatur ein Ende setzen.

ZUSAMMENHALT

Die Familie ist die Basis der chilenischen Gesellschaft, und dazu gehören nicht nur Vater, Mutter und Kinder, sondern auch die Großeltern, Tanten, Cousins und Cousinen, Nichten und Neffen und in wohlhabenderen Familien auch die *nana,* die als Haushälterin, Köchin und Kindermädchen mit im Haus wohnt. In einem Land, in dem soziale Grundrechte nicht vom Staat garantiert werden, erfüllt die Familie die Rolle des sozialen Auffangnetzes. Viele Erwachsene wohnen noch bei den Eltern, weil sie sich keine eigene Wohnung leisten können, man leiht sich gegenseitig Geld oder verhilft sich mit *pitutos* (Gefallen durch gute Beziehungen) zu einem Job.

FUSSBALLSTOLZ

Wenn *La Roja,* die Nationalmannschaft, spielt, sind die Straßen in Chile wie ausgestorben. Denn wichtige Fußballspiele werden zu Hause mit der Familie bei einem *asado* (beim Grillen) angeschaut. Im Gegensatz zu den Teams von Argentinien, Brasilien und Uruguay, die schon mehrfach die Weltmeisterschaft gewonnen haben, gehörte die chilenische Mannschaft lange Zeit zu den Verlierern des Kontinents. Als Chile 2015 zum ersten Mal die Copa América gewann, herrschte im ganzen Land ein euphorischer Ausnahmezustand. 2016 triumphierte die Mannschaft erneut, und diese Fußballsiege führten zu einem neuen Nationalstolz. Fast alle Fußballspieler der Nationalmannschaft kommen aus einfachen Verhältnissen, wie z.B. Charles Aránguiz, Alexis Sánchez und Arturo Vidal, und sind für viele Kinder aus ärmeren Vierteln Vorbilder und Hoffnungsträger.

ESSEN SHOPPEN SPORT

Mit dem Kajak ins Eis: Gletschersee im Nationalpark Torres del Paine

ESSEN & TRINKEN

Die Spanier haben Wein mitgebracht, die Deutschen Bier und Kuchen, Einwanderer aus Lateinamerika neue Zutaten, die lange Küste liefert Fisch und Meeresfrüchte. Die heutige chilenische Küche ist so vielfältig wie Landschaft, Kultur und Geschichte des Landes.

FRISCH VOM MARKT

Berge von Avocados *(paltas)*, Artischocken, duftende Chirimoyas und Kaktusfrüchte, frischer Fisch, Krabben und Muscheln, laute Marktschreier – der Besuch eines *mercado* ist ein wahres Erlebnis. Frische Feld- und Meeresfrüchte liefern die Grundlage der chilenischen Küche und sind auf dem Markt günstig zu bekommen. Fast alle Städte haben einen Obst- und Gemüsemarkt, Küstenstädte auch einen Fischmarkt oder eine *caleta de pescadores*, wo die Fischer ihren frisch gefangenen Fisch verkaufen. Neben Verkaufsständen gibt es meist auch kleine Lokale, an denen du frisch zubereitetes traditionelles Essen zu kleinem Preis bekommst.

INSIDER-TIPP
Frisch und günstig essen

AUS DEM MEER

Der Pazifische Ozean vor der über 6000 km langen Küste liefert frischen Fisch vom Feinsten: *congrio* (Seeaal), *reineta* (eine Art Flunder), *corvina* (Adlerfisch) und *salmón* (Lachs), wobei Letzterer meist aus Zuchtfarmen stammt. Lachs ist eines der wichtigsten Exportprodukte Chiles. Zubereitet wird der Fisch entweder paniert und frittiert *(frito)*, gegrillt *(a la plancha)*, in einer leckeren Soße mit Meeresfrüchten – z. B. der *salsa margarita* – oder roh in einem Sud mit Limettensaft als *ceviche*. Noch faszinierender ist die Vielfalt der Meeresfrüchte. Da ist z. B. die rotzangige *jaiva* (Seekrebs) oder die patagonische *centolla* (Königs-

Typische Snacks: Ceviche (li.) und Empanadas (re.)

krabbe). Roh mit Zitrone geschlürft werden *ostras* (Austern) und *ostiones* (Kammmuscheln). Andere Muscheln, wie *almejas, machas* und *choritos,* werden kurz gekocht bzw. gedünstet.

REGIONALE VIELFALT

Trotz des großen Angebots an Fisch und Meeresfrüchten dominieren häufig Rind und Huhn die Speisekarten. Der Holzkohlegrill *(parrilla)* gehört untrennbar zu Familienfesten und Ausflügen; dabei bezeichnet *asado* sowohl das Fleisch als auch den geselligen Anlass. In großen Städten gibt es meist auch eine vegetarische Option in den Restaurants, auf dem Land und an abgelegenen Orten wird es damit schwieriger. In der Schafzuchtregion Patagonien wird auch gerne mal ein Lamm *(cordero)* am Spieß gegrillt. Im Süden nimmt der Einfluss der Mapuche zu. Wer auf scharfe Gewürze steht, sollte *merkén* probieren, ein rotes Pulver aus geräuchertem Chili, Koriandersamen und Salz. Meer und Land vereinen sich im *curanto,* einem traditionellen Gericht aus Fleisch, Fisch, Meeresfrüchten und Kartoffeln, das im Süden Chiles auf der Insel Chiloé von den Einheimischen in einem Erdloch auf heißen Steinen zubereitet wird.

HAUSMANNSKOST

Ein klassisch chilenisches Gericht ist *charquicán,* ein Eintopf, dessen Zutaten je nach Jahreszeit und Region variieren können. Bei einer chilenischen Familie zu Hause gibt es häufig *cazuela* (Hühnersuppe), *porotos granados* (Bohneneintopf mit Mais und Kürbis) und im Sommer *humitas* (gedämpfter Maisbrei in Päckchen aus Maisblättern) oder pastel de choclo (Maisauflauf). Beliebt ist auch das *bistec a lo pobre,* ein Rinderfilet mit Spiegeleier, Zwiebeln und Pommes Frites oder die

Alles bereit zur Weinprobe

chorrillana, ein Berg Pommes Frites mit einem Haufen Fleisch, gebratenen Zwiebeln und Spiegeleiern. Mit etwas Glück gibt es auch die vegetarische Variante mit Gemüse.

LA ONCE

Die Chilenen lieben ihre *once,* eine Art Tee- oder Kaffeepause am Nachmittag oder am frühen Abend (zwischen 18 und 20 Uhr), die auch mal das Abendessen ersetzen kann. Dazu gibt es Brot mit Butter, Marmelade, Tomate, Avocado, Käse oder Rührei. Auch ein süßes Gebäck kann dabei sein mit *manjar,* einer klebrig-braunen Paste aus eingekochter Kondensmilch, oder die von den deutschen Einwanderern mitgebrachten kúchenes. Der Kaffee ist zu Hause und in kleinen Lokalen meistens löslicher Nescafé, aber in Cafés gibt's auch Espresso, Cappuccino & Co.

STREETFOOD

In den Städten findet man Straßenstände mit Essen, das du meist ohne Sorge essen kannst. Der *completo* ist eine Art chilenischer Hotdog, der mit Tomate, Avocado und Mayonnaise gegessen wird *(italiano)* oder mit Sauerkraut *(alemán),* als *ass* (mit Rindfleisch statt Wurst) oder als *papapleto* (vegetarisch mit Pommes statt Fleisch). Die *empanada* ist eine Teigtasche, traditionell gefüllt mit *pino* (Hackfleisch) oder Käse. Überall zu finden sind *sopaipillas,* frittierte Kürbisbrötchen mit *pebre* (einem Dip aus Tomaten, Zwiebeln, Chili). Man kann auch ein halbes Hühnchen mit Pommes *(pollada)* essen. Beim Streetfood wird auch der Einfluss der Einwanderer deutlich, vor allem in Santiago, wo du auch Snacks aus den Nachbarländern findest.

WEIN UND WEINBRAND

Wein schmeckt hier nicht nur gut, sondern ist auch preiswert. Das Land ist einer der größten Weinexporteure der Welt. Den größten Anteil haben Cabernet Sauvignon und Merlot (beide rot), bei den Weißweinen Chardonnay und Sauvignon Blanc. Wer sich gerne durchprobieren möchte, sollte ein Weingut besuchen. Statt eine überteuerte Tour zu buchen, am besten einfach hinfahren! Ebenfalls aus Trauben hergestellt wird der Pisco, mit dem der beliebte Cocktail Pisco Sour zubereitet wird. Der Pisco wird im Norden hergestellt, dort kann man auch eine Pisquera besuchen, um ihn zu verkosten und sich den Herstellungsprozess anzuschauen.

INSIDER-TIPP **Schnapsprobe**

Unsere Empfehlung heute

Vorspeisen

MACHAS A LA PARMESANA
mit Käse überbackene Miesmuscheln

PALTA REINA
mit Hühnchensalat gefüllte Avocado

CEVICHE
roher Fisch, mariniert in einem Sud mit Limettensaft

CAMARONES AL PIL PIL
in Öl, Knoblauch und Chili gebratene Shrimps

Snacks

HUMITA
gedämpfter Maisbrei in Maisblättern

EMPANADA DE PINO
Teigtasche gefüllt mit Zwiebeln, Fleisch und Ei

SOPAIPILLA CON PEBRE
frittierte Kürbisbrötchen mit Tomaten-Zwiebel-Dip

Hauptgerichte

PROTOS GRANADOS
Bohneneintopf mit Mais, Kürbis, Zwiebeln und Knoblauch

CALDILLO DE CONGRIO
Meeresaalsuppe mit Muscheln

REINETA CON SALSA MARGARITA
Fisch mit cremiger Muschelsoße

PASTEL DE CHOCLO
Maisauflauf mit Fleisch, Ei und Oliven

PARRILLADA
Fleisch vom Grill

PLATEADA
butterweich gekochtes Rindfleisch

LOMO A LO POBRE
„Armeleutesteak" mit Pommes frites, Schmorzwiebeln und Spiegelei

QUINOA
Andenhirse (Beilage)

Getränke

MOTE CON HUESILLO
Sommergetränk mit getrocknetem Pfirsich und eingelegtem Weizen

PISCO SOUR
Cocktail aus dem Traubenschnaps Pisco, Zitronensaft und geschlagenem Eiweiß

BORGOÑA
kalter Rotwein mit Erdbeeren

SHOPPEN & STÖBERN

Gewebte Wolldecken, geflochtene Körbe, Schmuck mit Edelsteinen, Gewürze, Wein – in jeder Region Chiles findest du authentische Produkte, die zu Hause nicht nur herumstehen, sondern auch praktisch zum Einsatz kommen – oder im Magen landen.

WARM, WEICH, WOLLE

Schals, Ponchos, Decken, Socken – wenn du auf warme, kuschelige Wollsachen stehst, dann kannst du dich besonders im Süden Chiles richtig eindecken. Im Norden gibt es auch Lama-, Alpaka- oder die feine Vicuña-Wolle. Wenn die Produkte sehr günstig sind, dann sind sie aller Wahrscheinlichkeit nach maschinell hergestellt und bestehen nur zu einem geringen Anteil aus Naturwolle. Ein authentisches und handgearbeitetes Produkt solltest du – wenn möglich – nur bei der Weberin selbst kaufen. Die

INSIDER-TIPP
Webkultur

Frauen des Volks der Mapuche sind berühmt für ihre traditionelle Web- und Textilkunst, die für sie eine kulturelle und spirituelle Bedeutung hat. Am besten fündig wirst du auf einem lokalen Markt. In Castro auf der Insel Chiloé gibt es zum Beispiel einen lokalen Wollmarkt.

FUNKELNDE BODENSCHÄTZE

In den chilenischen Anden lagern zahlreiche Edelsteine, Quarze und Kristalle. Der dunkelbau funkelnde Halbedelstein Lapislazuli wird nur in Chile und in Afghanistan abgebaut. Chile ist außerdem der größte Kupfer-Exporteur der Welt, auch Gold und Silber gehören zu den Bodenschätzen des Landes. Daraus stellen Kunsthandwerker Schmuck her, den du nur hier findest. Im Elqui-Tal findest du Quarze auch beim Spazierengehen. Dort gibt es außerdem ein ganzes Kunsthandwerkerdorf: das *Pueblo Ar-*

Du hast die Wahl: Strickwaren, Schmuck oder derbe Feuerzeuge

tesanal de Horcón. Aus Kupfer wird nicht nur Schmuck hergestellt, denn das Metall hat eine antibakterielle Wirkung und ist ein erstklassiger Wärmeleiter. Töpfe aus Kupfer eignen sich deshalb auch hervorragend zum Marmeladekochen.

DAS GEWÜRZ DER MAPUCHE

Wenn du gerne kochst und scharfe Gewürze magst, dann sollte *merkén* nicht in deinem Koffer fehlen. Das Gewürz besteht aus Chili *(ají cacho de cabra)*, der traditionell über Holzfeuer geräuchert und dann in einem Steinmörser zermahlen wird, aus gerösteten Koriandersamen und Salz. Es verleiht Fleisch, Fisch und Gemüse eine pikante und rauchige Note. Merkén ist ein Gewürz der Mapuche, das von ihnen schon lange vor Ankunft der Spanier in der Küche verwendet wurde. Am besten kaufst du es im Süden, wo die Mapuche leben, auf einem lokalen Markt. Auch wenn das Gewürz auf dem Markt vielleicht in einem kleinen Plastiksäckchen steckt und nicht in einem schicken Glas, bekommst du dort das authentischste Produkt.

PROST!

Eine Flasche Wein oder Pisco (Traubenschnaps) kommen als Mitbringsel immer gut an. Den Wein kaufst du am besten und günstigsten direkt auf einem Weingut, wo du ihn auch probieren kannst. Pisco wird traditionell im Elqui-Tal hergestellt, wo du ihn direkt bei einer lokalen *pisquera* (Pisco-Destillerie) kaufen kannst. Mistral und Altos del Carmen sind die am meisten verkauften Marken, die industriell hergestellt werden. Im Elqui-Tal gibt es aber auch kleine unabhängige Destillerien, wie zum Beispiel die *Pisquera Los Nichos*. Zurück zu Hause kannst du dann für deine Freunde den Cocktail Pisco Sour zubereiten.

SPORT

Am Morgen auf einen Andengipfel steigen und bei Sonnenuntergang auf den Pazifikwellen surfen? Das klingt verrückt, und doch ist es in etlichen Regionen Chiles möglich: Das Land eröffnet ein faszinierendes Panorama für aktiven Urlaub. Trekker und Radler, Rafter und Reiter, Surfer und Gleitschirmflieger sind in Chile goldrichtig.

BERGSTEIGEN & KLETTERN

Unzählige Gipfel warten auf Eroberung, darunter mit dem *Ojos del Salado* (6893 m) der höchste Vulkan Amerikas. Insiderinfos gibt's z. B. unter *andeshandbook.org* (auf Englisch) sowie unter *trekkingchile.com* (teilweise auf Deutsch). Beide Portale haben hilfreiche Smartphone-Apps lanciert, mit denen man auch offline im Gelände unterwegs sein kann. Wer ganz hoch hinauf will, sollte die Gefahren nicht unterschätzen und sich der fachkundigen Führung lokaler Guides anvertrauen. Auch von Ungeübten kann der Vulkan *Villarrica* (2840 m, s. S. 93) bestiegen werden. Mehrere Agenturen in Pucón bieten die grandiose Tagestour an.

GLEITSCHIRM FLIEGEN

Von der Küstenkordillere zum Strand gleiten – das können an vielen Stellen schon Anfänger versuchen. Bevorzugte Plätze sind Iquique, Antofagasta, Maitencillo oder Algarrobo. *Parapente Chile (Tel. 9 78 65 84 45 | parapente.cl)* bietet z. B. Tandemflüge an. Nur Profis sollten sich der schwierigen Thermik der Anden allein aussetzen; dafür sind Langstreckenflüge von 100 km keine Seltenheit.

GOLF

An die 60 Plätze gibt es in Chile, vom exklusiven Club *Los Leones* in Santiago bis zum südlichsten Golfplatz der

Karg, aber grandios: Wanderer an der Laguna del Inca

Welt, dem *Magallanes Country Club* in Punta Arenas. Einer der modernsten Plätze ist die 18-Loch-Anlage in La Serena, wo man mit Blick auf die Pazifikbrandung spielt *(laserenagolf.cl)*. Viele Hotels der Oberklasse bieten Zutritt zu einem Platz in der Nähe, die Gebühren liegen bei 50 bis 100 US $. Adressen der Golfclubs findest du unter *chilegolf.cl*.

MOUNTAINBIKING

Chile hält für MTB-Fanatiker phantastische, aber anspruchsvolle Touren bereit. Der bekannteste Bikepark Südamerikas findet sich in Nevados de Chillán, wo sich auf dem Gelände des Skigebiets im Sommer die Enduro- und XC-Biker austoben *(nevadosdechillan.com)*. Nur Extrembiker wagen sich allein in die Wüste, in den Torres-del-Paine-Park oder nach Feuerland. Alle anderen sollten die Erfahrung einer Agentur nutzen, die Ausrüstung, Begleitfahrzeug, Essen und Unterkunft stellt (s. S. 128).

RAFTING & KAJAK

Mehrere Agenturen, z. B. *Cascada (Tel. 2 29 23 59 50 | cascada.travel)*, bieten Raftingtouren auch für Anfänger an. Zu den Highlights gehören der Ríos Maipo bei Santiago, Ñuble bei Chillán und Trancura bei Pucón. Auf Kajakfans warten anspruchsvolle Wildwasser. Mutprobe für die Profis: der *Río Futaleufú*. Beratung und Touren unter *exchile.com* oder *yakexpediciones.cl*. Weniger Adrenalin wird bei einer Tour im Seekajak durch die Pazifikfjorde Südchiles ausgeschüttet. Das Gefährt erschließt versteckte Naturthermen und Seelöwenkolonien. Verschiedene Agenturen bieten Trips an, meist mit Begleitboot. Traumhaft: die Fahrt durch den *Naturpark Pumalín* mit *Al Sur (Puerto Varas | Tel. 65 2 23 23 00 | alsurexpediciones.cl)*.

REITEN

In den meisten Nationalparks und Küstenorten kann man Pferde für Ausritte mieten und stundenlang im Sattel die Natur durchstreifen. Die deutsche Reiterfarm *Hacienda Los Andes (Río Hurtado | Tel. 53 269 18 22 | haciendalosandes.com)* bei Ovalle bietet Ausritte in die Berge. Mit *Cascada* (s. Rafting & Kajak) kann man bei Santiago in die Anden reiten. Halbtagestouren oder mehrtägige Reittouren durch den Regenwald, zu Vulkanen und über die Anden bis nach Argentinien von Pucón aus organisieren Luís und Carmen vom deutsch-chilenischen Reiterhof *Rancho Carhuello (Pucón | Tel. 966 61 61 65 | rancho-carhuello.net)*. Im Valle de Lonquimay bist du beim *Fundo Laguna Blanca (Curacautín | Tel. 994 55 70 60 | fundolagunablanca.com)* für Ausritte durch die Naturwälder an der richtigen Adresse.

SKATEN

In den Parks der Hauptstadt Santiago tummelt sich eine der angesagtesten Skaterszenen des ganzen Kontinents.

INSIDER-TIPP
Für Profis auf dem Board

Der Skatepark im Parque de los Reyes liegt auf Platz 23 der besten Skateparks der Welt und gilt als der beste ganz Südamerikas. Auch im Parque O'Higgins, im Parque Bustamante, im Parque Araucano und im Parque Padre Hurtado kannst du in den öffentlichen Skateparks selbst aufs Board steigen oder zumindest der Jugend der Hauptstadt beim atemberaubenden Freestyle zuschauen.

SKIFAHREN

Von Mitte Juni bis Mitte Oktober dauert die Skisaison. Dabei gibt es neben den großen Skizentren im Umfeld von Santiago de Chile etliche weitere Möglichkeiten, auf Skiern oder Snowboard einen Andenhang hinunterzuwedeln. Beliebt ist etwa das schneesichere Skigebiet Chillán mit seinen teils bewaldeten Vulkanflanken; abends entspannt man in einem der Thermalhotels. Weiter südlich locken die kleinen Skigebiete an den Vulkanen Villarrica, Antillanca und Osorno. Schließlich kann man in Punta Arenas – weltweit einzigartig – mit Blick auf den Pazifik skifahren. Mehr Infos unter *chileanski.com*.

SURFEN & WINDSURFEN

Mit seiner über 6435 km langen Küste zählt Chile zum Geheimtipp unter Surfern. Die Lage zwischen Anden und Pazifik bietet hervorragende Voraussetzungen für die perfekten Breaks. Das Wasser des Pazifik ist allerdings das ganze Jahr über eiskalt, deshalb empfiehlt sich ein Neoprenanzug. Im Norden scheint aber in Städten wie Arica und Iquique das ganze Jahr über die Sonne, die einen schnell wieder aufwärmt. Für Profis ist der Strand der künstlichen Halbinsel *Ex Isla del Alarcán* in Arica, dort formt sich „El Gringo", eine der gefährlichsten Wellen der Welt. Der kleine Badeort Pichilemú gilt als die chilenische Surfhauptstadt und ist ein beliebtes Ziel für Anfänger und Profis. Eine Liste der besten Wellen und Strände findest du auf Englisch unter *thisischile.cl/surfing-in-chile.cl*.

Gut, dass man hier nicht zu Fuß unterwegs sein muss: Reitausflug in Patagonien

WANDERN

Die ★ *Nationalparks* erschließen sich am besten auf Wanderungen. Karten sind vor Ort Mangelware, am besten vorab im Internet bestellen unter *karten.trekkingchile.com.* Die Wege sind unzureichend markiert, aber die Parkranger helfen gern. Hin und wieder gibt es eine Schutzhütte oder einen Campingplatz. Nur in wenigen Parks (etwa im Torres del Paine) bieten Hotels größeren Komfort, ansonsten ist bei längeren Touren das Zelt unumgänglich. In einigen Touristenorten wie Puerto Natales oder Pucón kann man Ausrüstung leihen. Wer wenig Zeit hat, fährt in den *Parque Nacional El Morado* vor den Toren Santiagos, ein schroffes, blütenbesätes Gletschertal. Von Pucón aus ist der *Parque Nacional Huerquehue* (s. S. 93) mit seinen verwunschenen Araukarienwäldern und stillen Bergseen zu erreichen.

Weitgehend unbekannt, bietet das Anden-Schutzgebiet *Reserva Nacional Altos de Lircay* von der Tageswanderung im Naturwald bis zur abenteuerlichen Vulkanbesteigung für jeden etwas. Großartig ist die Tour zum UFO-Landeplatz *Enladrillado* (s. Erlebnistour 2, S. 117).

Irgendwann treffen sich die Trekkingfans alle im *Parque Nacional Torres del Paine* (s. S. 106), dem Wandermekka Südamerikas. Unübertroffen: die Rundwanderung um das Paine-Massiv, über bunt-blühende Blumenwiesen, durch Urwälder und vorbei an Gletschern (6–8 Tage). Wer weniger Zeit hat, macht die berühmte Strecke in W-Form (3–4 Tage) oder steigt zu den Füßen der *Torres* (Türme) hinauf (1 Tag). Es gibt mehrere Zeltplätze; die Berghütten sind im Sommer oft voll, eine Reservierung ist deshalb unerlässlich *(verticepatagonia.cl | fantasticosur.com).*

DIE REGIONEN IM ÜBERBLICK

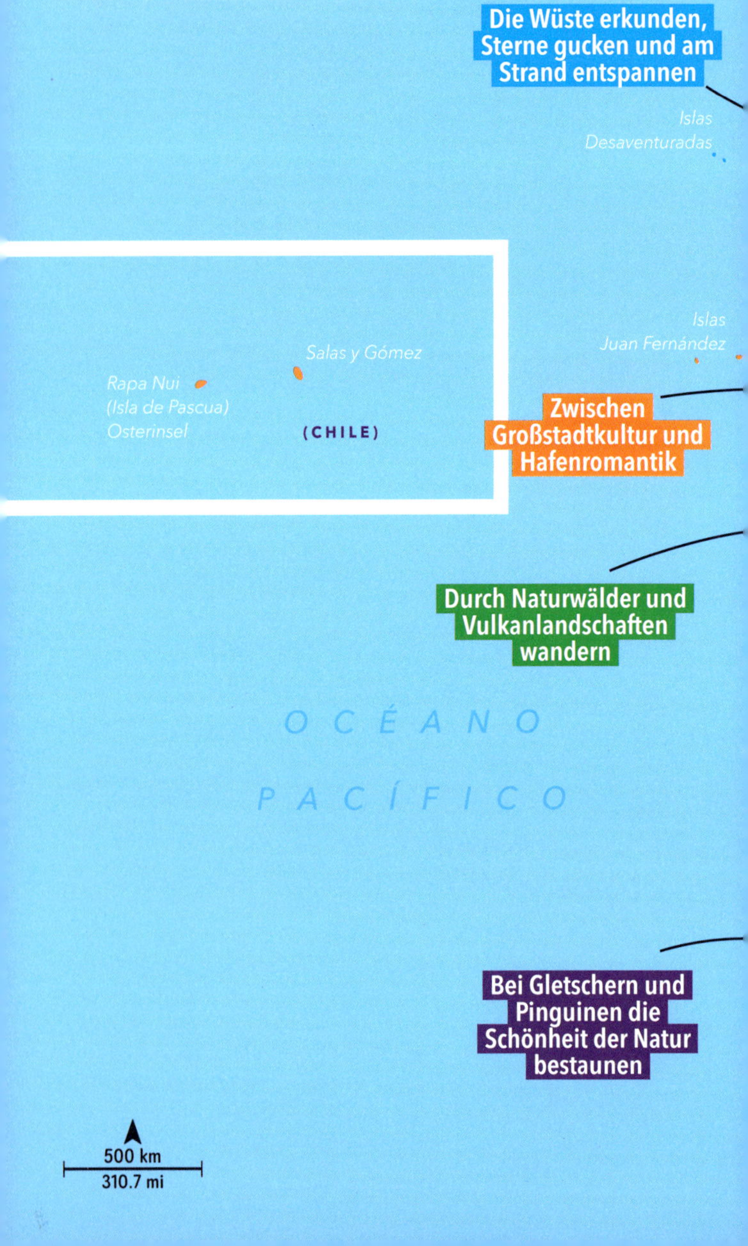

PERU
BOLIVIA
BRASIL
PARAGUAY
URUGUAY
ARGENTINA
Iquique
Antofagasta
Copiapó
DER NORDEN S. 40
La Serena
SANTIAGO DE CHILE
DIE MITTE S. 64
Chillán
Temuco
Osorno
Ancud
DER SÜDEN S. 86
Puerto Aisen
PATAGONIEN S. 100
OCÉANO ATLÁNTICO
Punta Arenas

DER NORDEN

DIE ATEMBERAUBENDE SCHÖNHEIT DER WÜSTE

Sanddünen, sonnenverbrannte Erde, Andenlagunen, grüne Wüstenoasen, schneebedeckte Vulkane – es sind die Gegensätze, die die Landschaft im Norden einzigartig machen. Neben der Atacamawüste findest du hier schöne Strände und wolkenlose Nächte, die das Sternegucken zum Erlebnis machen.

Trotz der Trockenheit ist die Wüste lebendig: Lamas und Flamingos tummeln sich an Salzseen und Lagunen, und seit 10 000 Jahren ist die Region von Menschen besiedelt. Nach dem Winterregen (Sept./

Laguna Cejar in der Atacamawüste

Okt.) blüht die Wüste – das Phänomen des *desierto florido* lässt sich am besten zwischen Copiapó und La Serena beobachten. Die indigenen Bewohner der Wüste wurden im 15. Jh. erst von den Inka, dann von den Spaniern unterworfen. Sie begehrten die Rohstoffe der Wüste, in der neben Gold und Silber auch Kupfer, Salpeter und Lithium schlummern. Der Bergbau ist bis heute die Basis der chilenischen Exportwirtschaft. Der hohe Wasserverbrauch bereitet jedoch der Umwelt und der indigenen Bevölkerung massive Probleme.

DER NORDEN

Patacamaya
Putre
PERU
2 Parque Nacional Lauca
3 Altiplano-Rundfahrt
Playa Chinchorro
Arica
S. 44
1 Museo Arqueológico San Miguel
ARICA Y PARINACOTA
Lago Coipasa
OCÉANO
PACÍFICO
BOLIVIA
1500 km, 17 Std.
5
Huara
Playa Cavancha
Iquique
S. 48
4 Santa Laura
4 Humberstone
6 Salar de Huasco
Pozo Almonte
5 Pica
TARAPACÁ
CHILE
1
5
Tocopilla
24
Kupfermine Chuquicamata
7
Caspana 8
12 Tatio-Geysire
María Elena
Calama
S. 49
100 km, 1 ½ Std.
San Pedro de Atacama
S. 50
Valle de la Luna
9
215 km, 2 ½ Std.
Mejillones
16 Salpetermine Chacabuco
La Portada 13
Antofagasta
S. 54
Salar de Atacama 10
Altiplano-Lagunen 11
ANTOFAGASTA
14 La Mano del Desierto
5
ARGENTINA
50 km
31.06 mi
15 Observatorium Paranal

MARCO POLO HIGHLIGHTS

★ **ARICA**
Geheimtipp unter Surfprofis ➤ S. 44

★ **PARQUE NACIONAL LAUCA**
Flamingos spiegeln sich im Wasser, Lamas grasen in der 4000 m hoch gelegenen Steppe ➤ S. 46

★ **KUPFERMINE CHUQUICAMATA**
Das größte Loch der Welt ➤ S. 50

★ **VALLE DE LA LUNA**
Mondlandschaft mit rot glühenden Salzfelsen ➤ S. 53

★ **TATIO-GEYSIRE**
Zum Sonnenaufgang brodelnde Dampffontänen zwischen Andenriesen ➤ S. 53

★ **OBSERVATORIUM PARANAL**
Der Sternenhimmel erzählt die Geschichte des Universums ➤ S. 57

★ **ISLA DAMAS**
Delfine und Pinguine aus der Nähe sehen ➤ S. 61

★ **VALLE DEL ELQUI**
Bei Hippies, Sonnenanbetern und Schnapsbrennern ➤ S. 62

ARICA

(🕮 D2) **In ★ Arica, auch „Stadt des ewigen Frühlings" genannt, ist es das ganze Jahr über angenehm warm. Chiles nördlichste Stadt (175 000 Ew.) liegt nur 18 km von der Grenze zu Peru entfernt.**

Auch dieser Hafen ist ein wichtiger Handelsknotenpunkt für den Export von Mineralien aus Chile und Bolivien. Die Stadt ist geprägt von der indigenen Aymara- und Quechua-Bevölkerung. Es gibt viele Märkte und archäologische Stätten, und im Januar findet hier der drittgrößte Karneval Südamerikas statt. Der *Carnaval Internacional Andino con la Fuerza del Sol Inti Ch'amamp* dauert drei Tage und erfüllt die Stadt bei Tag und Nacht mit farbenfrohen Kostümen, Tänzen und Musik aus den Anden.

INSIDER-TIPP
Buntes Straßenfest

In der Nähe gibt es hervorragende Strände zum Surfen. Die Stadt ist außerdem ein beliebter Ausgangspunkt für Ausflüge zum *Parque Nacional Lauca* oder ins *Valle de Azapa*.

SIGHTSEEING

ESTACIÓN DE FERROCARIL

Früher fuhr hier, von diesem Bahnhof in Arica, die Eisenbahn nach La Paz (Bolivien) ab. Das neoklassische Bahnhofsgebäude steht unter Denkmalschutz und beherbergt jetzt ein Eisenbahnmuseum. Auf dem Vorplatz steht eine deutsche Zahnradlokomotive. *21 de Mayo 51*

Ein Teil der alten Eisenbahnstrecke wurde restauriert, auf ihr verkehrt einmal pro Woche ein Touristenzug zwischen Arica und der 37 km entfernten Stadt Poconchile. Abfahrt vom Bahnhof Chinchorro (ca. 3 km vom Zentrum) um 10.30 Uhr; Rückkehr um 16.30 Uhr. Am besten vorher anrufen und nachfragen oder online überprüfen, ob der Zug fährt *(hin und zurück 7000 Pesos | Tel. 22 5 85 53 60 | Bahnhof Chinchorro | Av. Brasil 117 | Termine und Tickets: trenturistico.fcalp.cl).*

IGLESIA SAN MARCOS

Gustave Eiffel lässt grüßen. Das eiserne neogotische Gotteshaus oberhalb des Hafens besteht aus Fertigbauteilen der berühmten Pariser Eisenschmiede, die 1870 auf Anweisung des peruanischen Präsidenten um die halbe Welt geschifft wurden. *Mo–Fr 8.30–21, Sa 11–13, So 9–13, 19.30–21 Uhr | San Marcos 260/Plaza Colón*

EL MORRO

Bei einem Spaziergang zu dem 110 m hohen Felsen lernst du nicht nur etwas über die Geschichte Chiles, sondern kannst auch eine tolle Aussicht über Stadt, Hafen und Strände genießen. Am südlichen Ende der Calle Colón führt ein Fußweg auf den Stadtberg. Für Geschichts- und Waffen-Interessierte gibt es hier das *Museo Histórico de Armas (Di–So 10–19 Uhr | Eintritt 1000 Pesos | ◷ 1 Std.),* das die Geschichte einer entscheidenden Schlacht im Salpeterkrieg nacherzählt, bei der die chilenische Armee die peruanischen Streitkräfte besiegte und El Morro eroberte.

Ungewöhnlich: Die Iglesia San Marcos ist eine Gusseisenkonstruktion

MUSEO DE SITIO COLÓN 10

Unterhalb von El Morro wurden 2004 Mumien des Andenvolks der Chinchorro gefunden, die vermutlich mehrere tausend Jahre alt sind. 32 Mumien sind jetzt im kleinen Museum hinter Glasscheiben ausgestellt. *Di–So 10–18 Uhr | Eintritt 2000 Pesos | Colón 10 | masma.uta.cl | 1 Std.*

ESSEN & TRINKEN

LOS ALEROS DEL 21

Vor allem Fisch und Meeresfrüchte kommen hier auf den Teller und natürlich: Empanadas. *21 de Mayo 736 | Tel. 58 225 46 41 | €€*

MARACUYÁ

Wenn du es dir mal so richtig gut gehen lassen willst, kannst du in diesem schicken Restaurant bei Meerblick Fisch und Meeresfrüchte genießen. *San Martín 0321 | Tel. 58 222 76 00 | €€€*

RAYÚ

Ein peruanischer Koch begeistert an der Playa Chinchorro mit Fleisch- und Meeresgerichten wie gegrilltem Oktopus. Abends gibt's Cocktails, und DJs legen elektronische Musik auf. *Raúl Pey 2590 | Tel. 58 221 64 46 | €€€*

SPORT & SPASS

Kristallklares Wasser, angenehmes Wetter, gute Windverhältnisse: Arica ist ein Hotspot für Surfer und Body-Boarder. Regelmäßig finden hier Wettbewerbe statt. Die besten Wellen gibt's von April bis August. Beliebt bei Surfern ist die *Playa Las Machas,* ein paar Kilometer nördlich der Innenstadt. An der über einen Damm erreichbaren Isla de Alacrán wartet die weltweit berühmte Welle „El Gringo" mit 4 m Höhe. Vermietung von Boards, Surfunterricht und Unterkunft: *Arica Surf House (O'Higgins 661 | Tel. 58 2 31 22 13 | aricasurfhouse.cl).*

STRÄNDE

Der Pazifik ist hier ausnahmsweise wohltemperiert, aber wegen der starken Strömung ist das Schwimmen nicht ungefährlich. Die Strände nördlich der Innenstadt – *Playa Chinchorro, Playa Las Machas* – haben hohe Wellengänge, Richtung Süden gibt es einige geschützte Buchten: *Playa El Laucho, Playa Lisera, Playa Brava*.

PLAYA LISERA

Dieser Strand gilt als sicherster Ort für Familien mit Kindern und liegt 2 km südlich der Innenstadt in einer geschützten Bucht ohne hohe Wellen. Es gibt Umkleidekabinen und Duschen.

PLAYA CHINCHORRO

Dieser weitläufige Strand liegt 2 km nördlich der Innenstadt ist eher für erfahrene Schwimmer geeignet, denn das Meer ist hier ziemlich stürmisch. Zahlreiche Restaurants und Geschäfte.

RUND UM ARICA

1 MUSEO ARQUEOLÓGICO SAN MIGUEL

13 km, 30 Min. mit dem Auto; Camino Azapa, km 12

Das bedeutendste archäologische Museum Nordchiles liegt im grünen Azapa-Tal. Hier kannst du die ältesten menschlichen Mumien sehen. Mit ca. 7000 Jahren sind die Mumien der Chinchorros noch älter als die der ägyptischen Pharaonen. Dioramen, Masken, Körbe und Tonwaren vermitteln ein Bild von der Lebenswelt der ersten Volksstämme in Nordchile. Es gibt allerdings ethische Einwände der lokalen Gemeinden gegen die Ausstellung der Mumien. Sammeltaxis *(colectivos)* zum Museum ab Chacabuco/Lynch. *Jan./Feb. tgl. 9–20, März–Dez. 10–18 Uhr | Eintritt 2000 Pesos | masma.uta.cl | 2 Std. | D2*

2 PARQUE NACIONAL LAUCA ★

150 km, 2½ Std. mit dem Auto

200 Straßenkilometer und 4500 Höhenmeter liegen zwischen Arica am Pazifikrand und dem Altiplano, jener andinen Hochebene, die sich von Peru und Bolivien weit in den chilenischen Norden hineinzieht. In das Länderdreieck schmiegt sich mit dem Nationalpark Lauca ein Naturschutzgebiet, dessen grandiose Erhabenheit ihresgleichen sucht.

Schon der Beginn der Fahrt ist spektakulär; die Piste schraubt sich an Geoglyphen (Erdzeichnungen früherer Kulturen) und Schutthängen vorbei durch das *Lluta-Tal*. Nach 140 km ist *Putre* erreicht, ein prähispanischer Ort mit hübschen Steinhäusern und einer Kirche aus dem 17. Jh. Der friedliche Ort auf 3500 m Höhe zu Füßen des imposanten Massivs der Nevados de Putre (5825 m) wird von den sonnengegerbten Gesichtern seiner Aymara-Bewohner geprägt. Wanderungen führen durch Kakteenschluchten zu Felszeichnungen. Im Thermalbad *Jurasi* kannst du in heilenden heißen Quellen ba-

INSIDER-TIPP
Badewanne in der Wüste

den. Der Legende nach badete einst eine Inka-Prinzessin in dem Wasser, um ewig jung zu bleiben.
Oberhalb von Putre beginnt der *Nationalpark Lauca*. Von ewigem Schnee bedeckte Sechstausender-Berggipfel, darunter die Vulkane Parinacota (6342 m) und Pomerape (6282 m), spiegeln sich im *Lago Chungará*, mit 4570 m einer der höchstgelegenen Seen der Erde, an dessen Ufern sich Nandus, Flamingos und weitere 130 Vogelarten tummeln. Lamas weiden die Moose und Flechten ab, die scheuen zimtfarbenen Vikunjas sind eher selten zu sehen.
Agenturen in Arica bieten die Fahrt zum Lago Chungará und zu dem pittoresken Andendorf *Parinacota* zwar auch als Tagestour an, aber Achtung – es droht dann ein Höhenschock! Nimm dir lieber etwas mehr Zeit und pass dich mit einer Übernachtung in Putre allmählich an die dünne Luft an.
E2

3 ALTIPLANO-RUNDFAHRT

150 km, 2½ Std. (Auto) bis zum Startpunkt, dem Parque Nacional Lauca
Die raue Schönheit des Altiplano erschließt sich gut auf einer Rundfahrt durch die vier großen Schutzgebiete auf über 4000 m Höhe. Vom *Parque Nacional Lauca* führt eine Schotterpiste durch die endlose Weite, vorbei an einer Galerie stolzer Sechstausender und einsamen Dörfern mit schmucken Steinkirchen. Vikunjaherden machen dem Namen der *Reserva Nacional Las Vicuñas* alle Ehre, und mitten im riesigen Kessel des Surire-Salzsees nisten Hunderte rosaroter Flamingos. Heiße Naturthermen,

INSIDER-TIPP
Tiere hautnah

Parque Nacional Lauca: Mutter Flamingo wacht mit Argusaugen über ihr Junges

Geisterstadt im Wüstensand: die aufgelassene Salpetermine Humberstone

in denen du baden kannst, und sprudelnde Geysire gehören zu den Highlights der Tour, die schließlich durch den *Parque Nacional Volcán Isluga* und wieder hinunter in die Wüste nach Iquique oder Arica führt.

Angesichts einer kaum vorhandenen touristischen Infrastruktur bleibt diese Fahrt allerdings eher Abenteuerlustigen vorbehalten, die für drei, vier Tage auf jegliche Bequemlichkeit verzichten können. Du benötigst dafür unbedingt ein geländegängiges Fahrzeug, ausreichend Benzin und Verpflegung sowie warme Kleidung und einen Schlafsack. CONAF unterhält einfache Schutzhütten am Lago Chungará, am Salar de Surire und in Isluga. Bei der CONAF in Arica bekommst du auch hilfreiche Informationen, oder du buchst bei einer Agentur die ganze Tour mit einem ortskundigen Führer. *(Ⓜ E2–3)*

IQUIQUE

(Ⓜ D3) **„La ciudad del eterno verano", die Stadt des ewigen Sommers, wird Iquique (280 000 Ew.) genannt. Der lange Küstenstreifen und die Strandpromenade machen die Stadt zu einem beliebten Badeort und Anlaufpunkt für Surfer.**

Die Snobs treffen sich im Casino und die Schnäppchenjäger in der *Zona Franca,* einer chaotischen Freihandelszone. Die schönen Holzpaläste stammen aus der „goldenen Zeit" des Salpeterbooms Ende des 19. Jhs. und wurden sorgfältig instandgesetzt.

SIGHTSEEING

AVENIDA BAQUEDANO

Die Hauptstraße der Altstadt wurde liebevoll restauriert: Auf hölzernen

Gehsteigen flaniert man an zweistöckigen Balustradenhäusern entlang. Der Palast eines Salpeterbarons, der *Palacio Astoreca*, ist heute Museum. Die Belle Époque beschwört auch die Plaza Prat mit *Glockenturm*, maurisch inspiriertem *Centro Español* und *Teatro Municipal* aus Holz und Stuck.

ESSEN & TRINKEN

EL TERCER OJITO

Was darf's sein? Asiatisch inspirierte Fusionsküche, peruanische Küche, Thai-Currys, vegetarische Gerichte. Gemütlich ist es im bepflanzeten Innenhof. *Mo geschl. | Lynch 1420 | Tel. 57 242 65 17 | €€€*

STRAND

PLAYA CAVANCHA

Die *Playa Cavancha* ist der beliebteste Strand in Iquique. Hier herrschen optimale Bedingungen zum Surfen. Du kannst auch Gleitschirm fliegen, ein Sandboard mieten, beim Beach-Volleyball mitmischen, Paddle Ball spielen oder einfach nur gemütlich spazierengehen.

RUND UM IQUIQUE

4 HUMBERSTONE/SANTA LAURA

55 km, 50 Min. mit dem Auto

Die beiden verfallenen Geisterstädte aus der Salpeterzeit sind heute nur noch Industrieschrott in der Wüste. Die Häuser der Ingenieure stehen noch so da, als seien sie eben gerade und nicht schon vor 50 Jahren verlassen worden. *Tgl. 9–18 Uhr | Eintritt 4000 Pesos | 4 Std. | D–E3*

5 PICA

120 km, 2 Std. mit dem Auto

Wer schon immer mal eine richtige Wüstenoase sehen wollte, ist in *Pica* goldrichtig: Mitten in der Einöde, 120 km von Iquique, gedeihen u.a. Mangos, Guaven und Maracujas, aus denen leckere Säfte gepresst werden. Berühmt wurde der Ort freilich wegen der kleinen, kräftigen Pica-Limetten, die dem Nationaldrink *Pisco sour* den würzigen Geschmack verleihen. Es gibt eine kleine Kirche, einfache Restaurants und angenehm lauwarme Thermalbecken in Felsengrotten. E4

INSIDER-TIPP
Cocktail-Limetten

6 SALAR DE HUASCO

170 km, 2½ Std. mit dem Auto

Im einsamen Nationalpark findest du einen gewaltigen Salzsee auf 4000 m Höhe. Hier tummeln sich Flamingos, Vikunjas und andere Tiere des Andenhochlands. E4

CALAMA

(E5) **Die staubige Bergbaustadt (150 000 Ew.) liegt auf einem Hochplateau inmitten weitläufiger, wüstenhafter Bergketten.**

Calama ist vor allem Versorgungsstation für Touren in die *Atacamawüste* und zur *Kupfermine Chuquicamata*, selbst aber arm an Sehenswertem. Das abgerockte Wildwest-Flair der Stadt hat aber seinen eigenen Reiz.

ESSEN & TRINKEN

ALQUIMIA

Nettes Ambiente, solide Küche, guter Service. *So geschl. | Pedro León Gallo 1948 | Tel. 55 236 08 31 | €€*

PATAGONIA

Fleisch vom Grill, Fisch und Salate, dazu ein gut sortierter Weinkeller und gehobene Preise. *Granaderos 2549 | Tel. 55 234 16 28 | €€€*

RUND UM CALAMA

7 KUPFERMINE CHUQUICAMATA ★

15 km, 20 Min. mit dem Auto

4,3 km lang, 3 km breit, 825 m tief – nördlich von Calama klafft das größte Loch der Welt: der Tagebau Chuquicamata, von den Kumpeln „Chuqui" genannt. Von seiner Talsohle karren Mammut-Kipplader mit 3 m hohen Rädern das Mineral zur Schmelze, ringsum wachsen die Abraumhalden. Die Arbeitersiedlung neben der Mine ist eine Geisterstadt, da alle Einwohner wegen der Umweltbelastung nach Calama umgesiedelt wurden. *Kostenlose Touren Mo–Fr 13 Uhr ab Av. Granaderos 4025 | Anmeldung: Tel. 55 232 21 22 | visitas@codelco.cl |* *E5*

8 CASPANA

80 km, 1½ Std. mit dem Auto

Nach einer langen Fahrt durch die graubraune Wüstenlandschaft ist das saftige Grün des Oasendorfes Caspana eine Wohltat. Der malerische Ort liegt auf 3300 m Höhe, eingeklemmt in einer Felsenschlucht, die wie eine Miniaturausgabe des Grand Canyons wirkt. Die 500 Bewohner leben in kleinen Steinhäusern und bauen auf Terrassen Gemüse und Blumen an, die sie auf dem Markt in Calama verkaufen. Sehenswert sind der alte Teil des Dorfes, die Kirche und ein kleines Museum. Wer eine kurze Wanderung nicht scheut, kann sich in der Nähe jahrtausendealte Felsgravuren anschauen. Frag im Restaurant des Ortes oder im Laden nach einem ortskundigen Führer. Auf dem Rückweg führt ein kurzer Abstecher zur *Laguna Inka-Coya*, einem ovalen See mitten in der Wüste, dessen Existenz angesichts fehlender Zuflüsse ebenso mysteriös ist wie das Schicksal einer Inka-Prinzessin, die sich hier aus Liebeskummer mit ihrem Sohn ertränkt haben soll. Schließlich kannst du noch der schön restaurierten Lehmziegelkirche von *Chiu Chiu* (33 km östlich von Calama) einen Besuch abstatten. *F5*

SAN PEDRO DE ATACAMA

(F5) **Schon die etwa anderthalbstündige (Bus-)Fahrt von Calama nach San Pedro de Atacama wird**

Straßenszene mit Alpakas: Lehmziegelhäuser bestimmen das Ortsbild von San Pedro

dich auf die atemberaubende Wüstenlandschaft einstimmen.
Man fährt durch die steinig-staubige, graugelbe, manchmal rötlich glitzernde Atacamawüste, in der Luftspiegelungen geisterhafte Seen entstehen lassen. Bald zeigen sich die schneebedeckte Andenkette im Osten und voraus die glänzende Fläche des Salzsees von Atacama.

San Pedro de Atacama ist zu einem beliebten Fluchtpunkt für wüstensüchtige Aussteiger aus Europa geworden. Das attraktive Oasendorf (4000 Ew.) gruppiert seine gedrungenen Lehmziegelhäuser um die schöne Kirche im Kolonialstil mit einer Decke aus Kakteenholz im Inneren. Reiseveranstalter bieten zahlreiche Touren in die spektakuläre Umgebung an. Auf der Hauptstraße *Caracoles* liegen Kunstgewerbeläden und nette Speiselokalen im Adobestil, wo man abends romantisch am Feuer sitzen und gut essen kann.

Besonders in den Sommermonaten (Jan./Feb.) wird das kleine Wüstendorf von Touristen überrannt, die besonders viel Wasser verbrauchen, das hier ohnehin knapp ist. Wenn du kein Fan von überfüllten Bustouren bist, kannst du die Wüste auch im Mietwagen erkunden (am besten am Flughafen von Calama mieten).

SIGHTSEEING

PUKARÁ DE QUITOR

3 km nördlich von San Pedro findest du diese Ruinenstadt und restaurierte Festung der indigenen Likan Antai, die bis heute in der Atacamawüste leben. Mit dem Bau der Festung im 13. Jh. waren sie sogar den Inkas voraus, die erst 200 Jahre später Machu Picchu (heute Peru) errichteten. Guides

bieten Führungen an. *Mo–Fr 8–17 Uhr | Eintritt 5000 Pesos | 1 Std.*

ESSEN & TRINKEN

BALTINACHE

Gemütliches Lokal mit Fusion aus indigener Küche und Gourmettechniken. Hier gibt's keine Speisekarte, sondern täglich ein vorbereitetes Menü. Mi geschl. *Domingo Atienza 2 | Tel. 9 31 91 42 25 | €€*

CAFÉ PEREGRINO

Falls du an einem Tag mal keine Tour am frühen Morgen gebucht hast, kannst du hier gemütlich auf der Terrasse frühstücken und das Geschehen an der Plaza de San Pedro beobachten. Es gibt vegetarische Optionen und leckeren Kaffee. *Padre Le Paige | 988 85 81 97 | €*

CASA PIEDRA

Hier bekommst du einfache, aber gute und schmackhafte Hausmannskost, abends wird manchmal auch Livemusik geboten. *Caracoles 225 | Tel. 9 79 84 41 48 | €*

QUITOR

Hier kannst du regionale Spezialitäten wie z.B. Quinoa (Andenhirse) probieren. *Licancábur 154 | €*

SHOPPEN

FERIA ARTESANAL

Hinter der Plaza de San Pedro findest du eine kleine Markthalle mit Ständen, an denen Produkte aus Alpakawolle, Kaktusholz und Keramik sowie andere Handwerkskunst verkauft wird, zu günstigeren Preisen als in den Läden an der Hauptstraße. Alternativ

Grüße aus dem Erdinneren: Die Tatio-Geysire speien heiße Dämpfe

gibt's am südöstlichen Ende des Dorfs das *Pueblo de Artesanos San Pedro de Atacama (Tumisa 620)*, wo du sicher sein kannst, dass du bei den Künstlern bzw. Herstellern direkt einkaufst.

RUND UM SAN PEDRO DE ATACAMA

9 VALLE DE LA LUNA ★ ⚑

10 km, 15 Min. mit dem Auto

Die Salzkruste und die bizarre Felsenlandschaft geben diesem Tal seinen Namen – es erinnert tatsächlich an die Oberfläche des Mondes. Einen spektakulären Sonnenuntergang mit umfangreicher Farbpalette kannst du hier von der *Duna Mayor* aus beobachten. Du kannst am Nachmittag eine Kleinbustour buchen, mit der du von einem Fotospot zum nächsten gekarrt wirst. Wenn du fit bist und den Besuchermassen entfliehen willst, kannst du aber auch mit dem Fahrrad durchs Mondtal düsen. Wichtig: Die Mittagssonne meiden und viel Wasser mitnehmen! E–F5

INSIDER-TIPP: Mit dem Fahrrad auf den Mond

10 SALAR DE ATACAMA

40 km südlich von San Pedro, Halbtagestour in Kleinbussen

Auf dem endlos scheinenden Salzsee (3000 km²) haben die Naturkräfte bizarre Salzschollen, -spitzen und -spiegel geschaffen. Die Salzkruste ist durch die Verdunstung zu scharfkantigen Placken aufgeworfen, und ab und zu knackt es wie auf einem zugefrorenen See. Unterwegs hält man in der verträumten Siedlung *Toconao* (Achte auf die Kirche mit der originellen Kaktustür!) und an der *Quebrada de Jerez*, einer paradiesischen Flussoase. Frag, ob die *Laguna Cejar* mit auf dem Programm steht: In dem hochgradig salzigen See am Nordrand des Salar kannst du reglos auf dem Wasser treiben. E–F6

INSIDER-TIPP: Wie im Toten Meer

11 ALTIPLANO-LAGUNEN

Organisierte Tagestour in Kleinbussen

Über die Andendörfer Toconao und Socaire geht es auf die Hochebene. Die Piste wird immer steiler und holpriger, bis sich von einem Höhenrücken ein malerischer Anblick bietet: Zwischen gelbem Büschelgras liegen zwei tiefblaue, von weißer Salzkruste umrandete Seen, dahinter erheben sich Vulkane mit Eiskappen. Die Lagunen *Miscanti* und *Meñiques* (4100 m) lohnen den harten Tagestrip, zumal die Tour meist noch den grün schillernden *Salar de Talar* anfährt. F6

12 TATIO-GEYSIRE ★

80 km, 1½ Std. mit dem Auto

Sie speien inmitten einer surrealen Vulkanlandschaft auf 4300 m Höhe pünktlich zum Sonnenaufgang ihre heißen Dämpfe aus. Früh aufstehen ist deshalb angesagt: Die Anfahrt auf Sand- und Schotterpisten (am besten per organisierter Tour) dauert 3–4 Stunden. Winterkleidung anlegen, es herrscht Eiseskälte! Die vergisst man

Very British – der Uhrturm von Antofagsta im Barrio Histórico

allerdnigs schnell angesichts der zischenden Dampffontänen in dieser von Andenriesen umstandenen Hochsteppe. 📖 F5

ANTO-FAGASTA

(📖 D6) **Die Hafenstadt Antofagasta liegt fernab von den klassischen Touristenpfaden. Die zweitgrößte Stadt Chiles (388 000 Ew.) ist ein wichtiges Handelszentrum, denn von hier aus wird der Großteil der Mineralien wie Kupfer und Lithium in die Welt verschifft.**

Antofagasta dient auch als wichtiger Im- und Exporthafen für Bolivien, das den Meerzugang im Salpeterkrieg (1879–84) an Chile verlor. Antofagasta leidet unter akuter Wasserknappheit, verursacht u. a. durch den wasserintensiven Bergbau. Die Bewohner werden seit über 15 Jahren mit entsalztem Meerwasser versorgt. Die verzierten Fassaden im historischen Stadtviertel erinnern an die goldene Salpeterzeit im 19. Jh. Beliebte Ausflugsziele sind die Sternenobservatorien Paranal und die Salpetermine Chacabuco.

SIGHTSEEING

BARRIO HISTÓRICO

Das Altstadtviertel entstand im 19. Jh. zwischen der Plaza Colón und dem Hafen. Die verzierten Holzfassaden der viktorianischen und gregorianischen Gebäude entstanden während des Salpeterbooms, von dem damals vor allem ausländische Investoren profitierten. Englische Aktiengesellschaften kauften zahlreiche Unternehmen auf und verdrängten kleinere chilenische Betriebe. Die Briten haben hier ihre Spuren hinterlassen: Der Glockenturm *Torre Reloj* an der Plaza Colón erinnert an den Londoner Big Ben und hat sogar einen ähnlichen Glockenton. Der restaurierte Bahnhof von 1887 war einst die Endstation der Eisenbahnlinie von Antofagasta nach La Paz und wird heute als Kulturzentrum genutzt. Wenn du die Straße Simón Bolivar entlangläufst, kommst du zum alten Zollhaus *(Aduana)*, wo sich jetzt ein ein zweistöckiges Museum *(Museo Regional)* befindet, das die Geschichte der Region veranschaulicht.

PARQUE CULTURAL HUANCHACA

Die Ruinen einer Silberschmelze aus dem 19. Jh. sind jetzt das größte Kultur- und Eventzentrum in Antofagasta. Lange diente der Ort als Gießerei und Raffinerie für die Rohstoffe aus der Silbermine Pulacayo und beschäftigte über 1000 Arbeiter. Anfang des 20. Jhs. sank der Silberpreis auf dem Weltmarkt und die Pulacayo-Mine wurde überschwemmt, weshalb die Schmelze geschlossen wurde. Heute befindet sich hier u.a. das *Museo del Desierto de Atacama*, das die Geschichte der Wüste, des Bergbaus und der Astronomie veranschaulicht. Highlight ist der Prototyp eines Marsroboters, den die NASA in der Atacamawüste testete. Im Kulturzentrum finden außerdem Konzerte, Kunstaustellungen und Yogakurse statt. *Di–So 10–13, 14.30–19 Uhr | Eintritt Museum 2000 Pesos | ruinasdehuanchaca.cl | 2 Std.*

CENTRO CULTURAL ESTACIÓN

Dieses über hundert Jahre alte Gebäude sieht nicht nur von außen schick aus. Im Inneren finden Ausstellungen von Kunst- und Kulturschaffenden aus der Region, Theater- und Filmvorführungen zu den unterschiedlichsten Themen statt, wie z.B. zu Migration, regionaler Identität und Astronomie. Regelmäßig werden auch kostenlose Workshops abgehalten. *Mo–Sa 10–14, 15–19 Uhr | Eintritt frei | Washington 2797 | Antofagasta | facebook: Centro Cultural Estación Antofagasta | 1 Std.*

ESSEN & TRINKEN

ANTONIO HELADERÍA

Mehr als 50 z.T. sehr ausgefallene Eissorten findest du hier – alle ganz nachhaltig und bio ohne Farb- und Zusatzstoffe hergestellt. Typische Sorten aus dem Norden sind z.B. *mango y limón de pica* oder *arrope de chañar*, hergestellt mit dem Sirup der Früchte eines Wüstenbaums. *Antonio Toro 1024*

INSIDER-TIPP
Wüstenfrucht-Eis

TÍO JACINTO

Der Familienbetrieb mit mehr als 40 Jahren Tradition ist eine der besten Adressen für Fisch und Meeresfrüchte in Antofagasta. In das kleine Lokal passen nicht mehr als 35 Personen, weshalb es hier meist laut und gesellig zugeht – sehr authentisch jedenfalls. Besser reservieren! *Uribe 922 | Tel. 55 2 22 84 86 | €€*

STRÄNDE

LA CÚPULA

Dieser Strand, auch bekannt als *Playa Llacolén* liegt 3 km südlich von Antofagasta und ist einer der besten Strände zum Surfen in der Region. Regelmäßig finden hier Surf- und Bodyboard-Meisterschaften statt. Infos zu allen Events: *Facebook: Club Bodyboard Cúpula*

RUND UM ANTOFAGASTA

13 LA PORTADA

18 km, 20 Min. mit dem Bus

Das 50 m hohe Felsentor ist das Wahrzeichen von Antofagasta und eines von 15 Naturdenkmälern in Chile. Die Kraft des Windes und des Wassers hat in Millionen Jahren aus dem Felsen ein Tor ausgehöhlt, das auf einem Sockel aus schwarzem Vulkangestein thront. In der Umgebung leben u.a. Möwen, Pelikane, Pinguine und Seelöwen. Bei einem Spaziergang kannst du den Ausblick auf die Felsen und Strände genießen. Hier ist der perfekte Ort, um beim Sonnenuntergang den roten Himmel über dem Meer und die fernen Lichter der Stadt zu beobachten.

INSIDER-TIPP
Showtime zum Sonnenuntergang

Ein kleines *Museum der CONAF (Di–So 10.30–13.30, 15–18 Uhr | Eintritt 3000 Pesos | Av. Argentina 2510 | 1 Std.)* informiert über die Entstehung des Felsentors. Der Bus *Megatur* (Richtung Mejillones) bringt dich zu einer Kreuzung, von der du noch 25 Min. laufen musst. Wenn du sportlich bist, kannst du von Antofagasta aus auch mit dem Fahrrad fahren. Tierfreunde sollten ein Fernglas mitnehmen. *D6*

14 LA MANO DEL DESIERTO

70 km, 1 Std. mit dem Auto; ca. 10 km südlich der Kreuzung Panamericana und B-55

Diese 11 m hohe Skulptur aus Zement und Eisen wurde 1992 vom chileni-

Hightech für passionierte Sternengucker: Observatorium Paranal

schen Bildhauer Mario Irarrázabal auf einer Höhe von 1000 m erschaffen. Die Bedeutung der riesigen Hand hat der Künstler zur Interpretation freigegeben: Für manche ist sie ein Denkmal für die Opfer der chilenischen Militärdiktatur, die in Massengräbern in der Wüste verscharrt wurden, für andere ein Mahnmal für Umweltsünden, damit die Erde nicht komplett zur Wüste wird. Sie ist mit dem Auto erreichbar, oder wenn du mit dem Bus auf der Panamericana unterwegs bist, kannst du sie vom Fenster aus sehen. *D6*

15 OBSERVATORIUM PARANAL ★

120 km/2 Std. mit dem Auto

Very Large Telescope (VLT) ist geradezu ein bescheidener Name für die Hochtechnologie, die von dem 2600 m hohen Wüstenberg Cerro Paranal Besitz ergriffen hat. Die Anlage schaltet vier Hohlspiegel von je 8,20 m Durchmesser und drei Hilfsteleskope zum weltweit leistungsfähigsten Observatorium zusammen. Gesteuert aus der Zentrale der europäischen Astronomie-Organisation ESO in Garching bei München, erlaubt es einen tiefen Einbzw. Rückblick ins Universum – bis kurz nach dem Urknall. Wer Paranal besuchen will, muss sich Wochen oder Monate vor dem Besuch anmelden – und mit dem eigenen Fahrzeug anreisen. Reservierungen sind nur online möglich. *Besichtigungen Sa 10 und 14 Uhr (30 Min. vorher da sein) | Eintritt frei | abseits der Ruta B-710 | Wegbeschreibung und Reservierungen auf eso.org | 2 Std. | D7*

16 SALPETERMINE CHACABUCO

95 km, 1½ Std. mit dem Auto; ca. 4 km nördlich der Gabelung der Panamericana und der Ruta 25

Oficina Salitrera Chacabuco: In dieser Stadt hausten einmal 4000 Menschen. Jetzt wird sie nur noch von einem einzigen einsamen Wärter bewacht. Chacabuco steht unter Denkmalschutz; das ist u.a. dem Goethe-Institut zu danken. Einst war diese Oficina eine moderne Salpetermine mit Stadtpark, Theater, Kirchen und Kantinen, spartanischen Arbeiterquartieren und den Villen der Direktoren. Die Turbinen, Pumpen, Kompressoren und Kessel liegen als rostiges Gekröse im Schutt, die Gleise der Verladestation führen ins Nichts. Chacabuco gleicht einer verlassenen Wild-West-Kulisse. Als der Abbau nicht mehr lohnte, versank die Anlage in einen Dornröschenschlaf, aus dem sie erst die Militärdiktatur weckte: Sie richtete hier ein Gefangenenlager ein. *Besichtigung (ohne Führung) tgl. 10–18 Uhr | Eintritt 2000 Pesos | E5–6*

COPIAPÓ

(D9) **Zwischen Weinbergen und Olivenhainen träumt die Wüstenstadt (160 000 Ew.) vom Silberrausch, der sie im 19. Jh. erfasste.**

Aus dieser Epoche stammen auch die stattlichen Bürgerhäuser und Villen. Das *Regionalmuseum (Di–Fr 9–18.15, Sa 10–12.15, So 10.30–13.15 Uhr | Eintritt frei | Casilla 134)* erinnert nicht nur an die Gründerzeit, sondern auch an die spektakuläre Rettung der 33 Bergleute im Jahr 2010.

SIGHTSEEING

PLAZA PRAT

Die *Plaza Prat* gilt als einer der schönsten Plätze Chiles. Während des Bergbau-Booms im 19. Jh. wurde er mit Bäumen bepflanzt und mit Statuen dekoriert. Eine davon, eine griechische Göttin, wurde 1872 aus Paris hergebracht. Sehenswert die *Holzkathedrale* an der Plaza, 1840–51 im neuklassischen Stil mit 1,30 m dicken Balkenmauern errichtet.

ESSEN & TRINKEN

EL LEGADO

Erlesene Zubereitungen mit Meeresfrüchten, Straußen- und Wildschweinfleisch. *So geschl. | O'Higgins 12 | Tel. 52 2 54 17 76 | €€€*

RUND UM COPIAPÓ

17 CALDERA

72 km, 1 Std. mit dem Auto

Sonne, Strände, Meeresfrüchte – Caldera und der benachbarte Badeort *Bahía Inglesa* gehören zu den beliebtesten Urlaubszielen der Chilenen. In der Hafenstadt (14 000 Ew.) sind noch die Zweckbauten (u. a. der Bahnhof, der heute ein Museum beherbergt) des einstigen Silberbooms zu besichtigen. Die *Playas Las Machas* und *La Virgen* warten mit feinem, weißem Sand auf. Das Wasser der Buchten schimmert türkis, Karibikflair kommt auf, bis man den Fuß in den kühlen Ozean taucht ... D8

18 PARQUE NACIONAL NEVADO TRES CRUCES

200 km, 3 Std. mit dem Auto

Wer die Hochanden-Landschaften bei Arica oder San Pedro de Atacama verpasst hat, der findet bei Copiapó Ersatz. In einer langen Tagestour (Strecke von Copiapó hin und zurück ca. 530 km!) mit einem geländegängigen Fahrzeug kann man den *Parque Nacional Nevado Tres Cruces* erkunden, eine wilde, menschenleere Weite auf über 4000 m Höhe, in der nur Flamingos, Guanakos und Wüstenfüchse leben. Der Blick schweift über flirrende Salzebenen und türkisfarbene Bergseen hinweg auf das Spalier imposanter Fünf- und Sechstausender, darunter der *Ojos del Salado*, mit 6893 m Chiles höchster Berg. E8

19 PARQUE NACIONAL PAN DE AZÚCAR

200 km, 2½ Std. mit dem Auto

Ein ganz besonderes Biotop schützt dieser Nationalpark 110 km nördlich von Caldera. Wo das Graubraun der bis zu 800 m hohen Küstenkordillere auf das Blaugrün des Pazifik trifft, gedeihen dank des beständigen Küstennebels zahlreiche ungewöhnliche Pflanzenarten. Vor allem für Kakteenfreunde ist der Besuch ein Fest: Mehr als zwanzig Arten trotzen hier dem Wüstenklima, ebenso wie Guanakos und Füchse. Rund um die vorgelager-

Salzverkrustete Hochebene auf 4000 m: Parque Nacional Nevado Tres Cruces

te Insel *Pan de Azúcar,* die du auf einer Bootstour besuchen kannst, tummeln sich Humboldt-Pinguine, Robben und Seeotter. Im Park gibt es Wanderwege, zwei Zeltplätze, einfache Fischlokale und ebensolche Übernachtungsmöglichkeiten. *D8*

LA SERENA

(D10) **Chiles zweitälteste Stadt (150 000 Ew.) bietet die perfekte Mischung aus weißen Stränden, einer charmanten Altstadt im Kolonialstil und dem Eingang zum malerischen Valle del Elqui, in dem allmählich die Wüste beginnt.**

Das erkennbar andalusische Gepräge des heutigen Zentrums geht auf den ehemaligen Staatspräsidenten Gabriel González Videla zurück, der seiner Heimatstadt in den 1940er-Jahren eine „koloniale Renaissance" verordnete. Die Schwesterstädte La Serena und Coquimbo sind beliebte Badeorte und ziehen in den Sommermonaten (Jan./Feb.) viele chilenische Urlauber an.

SIGHTSEEING

MUSEO ARQUEOLÓGICO

Im kleinen archäologischen Museum von La Serena sind u.a. eine Keramiksammlung aus der präkolumbischen Diaguita-Kultur (9.–15. Jh.) sowie ein echter Osterinsel-Moai (Kopfstatue) zu bewundern. *Di–Do 9.30–18, Sa 11–17, So 11–14 Uhr | Córdovez/Cienfuegos | 1 Std.*

ESSEN & TRINKEN

CAFÉ COLONIAL

Nur einen Block von der Plaza entfernt gibt's guten Kaffee, Sandwiches und einfache, aber leckere Tagesgerichte; auch Vegetarisches. *Balmaceda 475* | €

CALETA PEÑUELAS

Der Fischerhafen liegt auf halber Strecke nach Coquimbo und bietet eine ganze Reihe uriger Fisch- und Meeresfrüchtelokale. Hier essen die Einheimischen – danach geht's dann zur Siesta an den Strand. *Av. del Mar, km 7* | €

MERCADO LA RECOVA

Rustikal speist du hier mit Blick auf das unterhaltsame, bunte Treiben in der Markthalle. Mehrere einfache, aber günstige Lokale im Obergeschoss stehen zur Auswahl. *Cienfuegos/Cantournet* | €

AUSGEHEN & FEIERN

BARRIO INGLÉS

In diesem Hafenviertel in Coquimbo reiht sich eine Bar an die nächste. Im Sommer und an Wochenenden ist Livemusik in der Straße Aldunate, die von der Plaza Vicuña Mackenna Richtung Süden führt, garantiert. Du solltest eines der lokalen Biere probieren, z. B. in der Bar *El Europeo (Aldunate 809)*. *Atrapaniebla* ist das einzige Bier der Welt, das mit Wasser aus Nebelwolken hergestellt wird. Für die Tanzfreudigen unter euch gibt es hier zahlreiche Clubs und Diskos. Du solltest dich aber vor Taschendieben hüten und am besten mit dem Taxi zurück zur Unterkunft fahren!

INSIDER-TIPP
Ein himmlisches Bier

FESTE

LA PAMPILLA

Den Nationalfeiertag am 18. Sept. feiern die Chilenen eine ganze Woche. *La Pampilla* ist das größte Fest des Landes. Familien lassen sich mit Zelten auf der Festwiese in Coquimbo nieder und feiern mit Tausenden Gästen die Unabhängigkeit Chiles. Es gibt Musik, Bands, Empanadas und *Terremoto*, einen süßen Cocktail, der „Erdbeben" heißt, weil man nach seinem Verzehr kaum noch auf den Füßen stehen kann.

INSIDER-TIPP
Achtung, festhalten!

STRÄNDE

In der Nähe von La Serena und Coquimbo gibt es zahlreiche sehr schöne Strände zum Schwimmen und Sonnenbaden. Am einfachsten zu erreichen ist *La Serena* neben der Av. del Mar in der Nähe des Leuchtturms *(El Faro)*. Dort kann man Liegestühle und Sonnenschirme mieten, es gibt Restaurants und Bars. Ebenfalls beliebt ist *La Herradura* südlich von Coquimbo. Mit weißem Sand und nicht ganz so kaltem Wasser warten noch weiter im Süden die Badeorte Totoralillo, Las Tacas, Guanaquero und Tongoy, die du alle mit dem Bus erreichen kannst.

RUND UM LA SERENA

OBSERVATORIEN

90–156 km, 1½–2½ Std. mit dem Auto

Über 300 extrem klare Sternennächte über der Wüste machen's möglich: Zwischen La Serena und Antofagasta richten einige der modernsten astronomischen Observatorien der Welt ihre Teleskope ins Universum. Gewöhnliche Sterbliche können die Hightech-Anlagen allerdings nur an bestimmten Tagen und nach wochenlanger Voranmeldung besuchen, so das *Interamerikanische Observatorium Cerro Tololo (90 km von La Serena | Tel. 51 2 20 52 00 | ctiorecp@noao.edu)* und die Europäische Südsternwarte *La Silla (150 km | Tel. 224 63 30 00 | ls.eso.org)*. Besucherfreundlicher zeigt sich das *Observatorio Las Campanas (156 km | Tel. 51 2 20 73 01 | lco.cl)*, das auch kurzfristig Neugierige empfängt, allerdings nur Sa 14.30–17.30 Uhr bei Anmeldung einige Tage im Voraus. Die Fahrt lässt sich am besten mit einem Reisebüro organisieren. Einfacher ist der Blick in die Sterne im Lehrobservatorium *Mamalluca* bei Vicuña (s. Valle del Elqui). *D10*

20 ISLA DAMAS ★

120 km, 1½ Std. mit dem Auto

Großtümmler zeigen neben dem Boot ihre Sprungkünste, vom Ufer schauen Pinguine zu: Das Naturschutzgebiet *Pingüino de Humboldt* mit der unbewohnten Isla Damas vor der Felsenküste 120 km nördlich von La Serena bietet die Gelegenheit, seltene Meerestiere in ihrer natürlichen Umgebung zu erleben – mit Glück sogar Buckelwale! Entweder per organisierter Tagestour ab La Serena *(ca. 40 000 Pesos)* oder (deutlich günstiger) mit

Seelöwe an der Punta de Choros, wo die Boote zur Isla Damas ablegen

Grünes Idyll im kargen Hochandenland: das Valle del Elqui

dem Auto oder dem Bus bis Punta de Choros fahren und dort ein Ticket für die Bootstour kaufen. *C10*

21 VALLE DEL ELQUI ★

65 km, 1 Std. mit dem Auto auf der Straße 41 nach Osten

Geduckte Lehmziegelhäuser in Ocker und Rot, spitze Kirchtürme zwischen Papayaplantagen, Weinfelder, die an den Kakteenhängen nach oben drängen, ringsum kahle Berge: Im Valle del Elqui wird wie im Bilderbuch illustriert, wie Menschen seit Jahrtausenden versucht haben, sich in der Wüste zu behaupten. Das Elqui-Tal wurde in vorchristlicher Zeit von den Diaguita besiedelt, die ein effizientes Anbausystem mit Terrassen und Bewässerungskanälen entwickelten. Den Gerüchten nach hat sich das magnetische Zentrum der Erde von Tibet hierher verschoben, deshalb suchen spirituelle Gruppen und buddhistische Mönche das Tal auf. Die berühmteste Ex-Bewohnerin des Tals ist die mit dem Nobelpreis geehrte Schriftstellerin Gabriela Mistral (1889–1957), die ihr Heimattal in Poesie gegossen hat. Geboren wurde sie in Vicuña, dem Hauptort des Tals (km 62); ihr Geburtshaus ist Museum *(Di–Fr 10–18, Sa 10.30–18, So 10–13 Uhr | G. Mistral 759)*. Aufgewachsen und gestorben ist sie in Montegrande, wo es noch ein Museum gibt *(Di–Fr 10–13, 15–18 Uhr)*.

Auch wenn du mit Astronomie nichts am Hut hast, wird dich das *Observatorium Mamalluca* in Vicuña faszinieren *(tgl. 20.30, 22.30, 0.30 Uhr | Eintritt 15 000–25 000 Pesos | Gabriela Mistral 260 | Tel. 51 26 70 03 30 | observatoriomamalluca.com)*. Du lernst die Sternbilder der Südhalbkugel kennen und kannst mit einem Teleskop Planeten sehen. Neumond ist ideal, dann kannst du sogar die Milchstraße sehen.

Noch zwei Essenstipps für Vicuña: Im *Chivato negro (Mo geschl. | Gabriela*

Mistral 565 | Tel. 978629439 | €) kannst du im gemütlichen Patio die beste hausgemachte Pasta, gefüllt mit Ziegenkäse, genießen. Am Wochenende gibt's Lagerfeuer mit Livemusik. Das Bier *Anima,* das im Elqui-Tal gebraut wird, gibt's hier vom Fass. Den Einheimischen zufolge die beste Eisdiele in Vicuña ist die *Heladería La Bilbaína (Gabriela Mistral 383).* Hier gibt es handgemachtes Eis mit regionalen Zutaten wie Papaya oder der Kaktusfrucht Copao. Das pinkfarbene Zimteis ist ein Muss in Vicuña – es sieht zwar künstlich aus, ist es aber nicht.

INSIDER-TIPP **Danke, liebe Ziege!**

Von Montegrande führt das geheimnisvolle Valle de Cochiguaz ab, ein Tal, in dem sich zahlreiche Hippies, Esoteriker und UFO-Gläubige niedergelassen haben. Wenn du richtig abschalten willst, bleib ein paar Tage in Pisco Elqui, einem Dorf, von dem aus du wunderbar das Tal entdecken kannst. Gönn dir hier eines der zahlreichen spirituell angehauchten Wellness-Angebote: eine Massage, eine Yogastunde oder einen Chakra-Ausgleich mit Edelsteinen. In den schönen hellen Räumen des *Punto de Luz (Los Carreras, Ecke Manuel Rodriguez | Tel. 95328044 | puntodeluzelqui@gmail.com)* kannst du dich darauf verlassen, dass du von ausgebildeten Therapeutinnen behandelt wirst. Es werden auch Yogastunden angeboten. Wenn der Aufenthalt im Tal dich zum Esoteriker gemacht hat, kannst du hier auch das Orakel der Mayas befragen.

Seinen Ruhm verdankt das Valle del Elqui allerdings eher handfesten Genüssen: Die hier angebauten Trauben werden zu Pisco gebrannt, dem chilenischen Nationalschnaps. *Fundo Los Nichos (Mo–So 11–18 Uhr | Tel. 51 2451085 | fundolosnichos.cl)* ist die älteste Brennerei (gegr. 1868), 4 km südlich von Pisco Elqui. Hier kannst du an einer geführten Tour teilnehmen, lernen, wie Pisco hergestellt wird, und ihn auch verkosten.

Noch ein paar Kilometer weiter, ins Dorf Horcón, solltest du fahren, wenn du ein Souvenir aus dem Elqui-Tal mitnehmen willst. Das *Pueblo Artesanal Horcón* wird fast ausschließlich von Kunsthandwerkern bewohnt. Naturkosmetik mit Ziegenmilch, Woll- und Lederarbeiten, Schmuck, Papaya-Marmelade – alles bekommst du hier direkt vom Hersteller. Wenn du dir einen Snack mitnimmst, kannst du gleich neben dem Fluss ein Picknick einlegen und dich im Wasser abkühlen. *D10–11*

INSIDER-TIPP **Pause am Fluss**

DIE MITTE

ZWISCHEN METROPOLEN- UND KÜSTENFLAIR

Weinberge, Skipisten, Badestrände und Naturwälder – rund um die Hauptstadt Santiago wird alles geboten. Obwohl es eigentlich viel Platz im längsten Land der Welt gibt, leben fast drei Viertel der Chilenen in der Zentralzone. Das mediterrane Klima und die fruchtbaren Böden haben die Besiedlung und die Landwirtschaft in der Region vorangetrieben.

Auf den Feldern gedeihen die Mandarinen, Melonen, Kürbisse und Kartoffeln, die in Santiago auf den Tisch kommen. Reisende finden

Die Skyline einer modernen Metropole: Santiago de Chile

hier schon alles auf kleinem Raum, was das Land so liebenswert macht: die hohen Kakteen des Nordens und die ersten Urwälder des Südens, Gletscher und Vulkane, schäumende Wildwasserflüsse und endlose Felsenstrände. Unmittelbar östlich der Hauptstadt eröffnet sich ein Ski- und Wanderparadies, 100 km westlich locken die weiten pazifischen Badestrände, nebenan verströmt Valparaíso Hafenromantik, und in Santiago selbst tobt das kosmopolitsche, urbane Leben.

DIE MITTE

MARCO POLO HIGHLIGHTS

★ **BARRIO YUNGAY**
Durch das hippe Künstlerviertel spazieren ➤ S. 70

★ **PASO LOS LIBERTADORES**
In den Anden die Skipisten unsicher machen ➤ S. 76

★ **VALPARAÍSO**
Die Hafenstadt Valparaíso ist geschäftig, bunt und lebendig ➤ S. 76

★ **STREETART**
Valparaíso ist der Hotspot für Kunst im urbanen Raum ➤ S. 78

★ **ISLA NEGRA**
An diesem wunderschönen Felsenstrand schrieb Pablo Neruda seine Gedichte ➤ S. 83

★ **VALLE DE COLCHAGUA**
Bei Sonnenschein erstklassigen Wein verkosten ➤ S. 84

★ **ALTOS DE LIRCAY**
Atemberaubende Landschaften in den Zentralanden ➤ S. 85

★ **TERMAS DE CHILLÁN**
Nach einer Bergwanderung in heißen Quellen baden ➤ S. 85

apudo
La Ligua
Maitencillo
VALPARAÍSO
Uspallata
Nogales
San Felipe
entanas
Llaillay
Los Andes
60
Portillo 2
2 Paso Los Libertadores
Mendoza
Quillota
57
Potrerillos
Perdriel
Valparaíso
S.76
115 km, 1 1/2 Std.
Tiltil
5
Colina
Ugarteche
Street Art
5 Valle de Casablanca
Barrio Yungay
3 Farellones-El Colorado
3 Valle Nevado
40
Isla Negra
68
Santiago
S.68
Tupungato
María Pinto
San Antonio
San José de Maipo
1 Cajón del Maipo
Melipilla
El Monte
Alto Jahuel
Villa San Carlos
REGIÓN METROPOLITANA
Hospital
Graneros
Rancagua
Las Cabras
LIBERTADOR GENERAL BERNARDO O'HIGGINS
archigüe
Rengo
140 km, 1 1/2 Std.
anta Cruz
San Fernando
8 Valle de Colchagua
ARGENTINA
Lolol
CHILE
Teno
256 km, 2 Std. 40 Min.
Curicó
Molina
5
San Rafael
MAULE
40
Talca
S.83
Malargüe
San Clemente
10 Altos de Lircay
Colbún
115
Linares
ÑUBLE
40
11 Termas de Chillán

SANTIAGO

(🕮 D13) **Santiago de Chile, die Hauptstadt des Landes, liegt zu Füßen der Anden und nicht nur geografisch in der Mitte von Chile. Sie ist der Angelpunkt, um den sich alles dreht – schließlich lebt in der Región Metropolitana etwa ein Drittel der Bevölkerung des Landes (rund 6 Mio. Menschen). Sie ist das politische und kulturelle Zentrum – hier schlägt das Herz der Nation.**

Die Hauptstadt speist ihr unaufdringliches Flair aus dem Kontrast zwischen ehrwürdigen Palais und lärmenden Straßenmärkten, zwischen gepflegten Villen und kühnen Wolkenkratzern, zwischen dem Häusermeer und dem dahinter aufragenden Schneegebirge. Santiago spiegelt die soziale Ungleichheit wider, von der die chilenische Gesellschaft geprägt ist. Touristen, die sich meist im Zentrum und in den wohlhabenden Vierteln im Nordosten der Stadt aufhalten, bleibt die Armut der *poblaciones* an den Stadträndern verborgen, wo viele ums tägliche Überleben kämpfen.

RUNDGÄNGE

STADTPARK & ZENTRALMARKT

Starte deinen Rundgang an der Plaza Baquedano. Hier beginnt am Ufer des Mapocho der *Parque Forestal,* ein schöner, von Platanen beschatteter Park. Vornan spielen Kinder im *Deutschen Brunnen (Fuente Alemana),* 1910 von Einwanderern gestiftet. Von dort aus ist es nur ein Katzensprung zum *Museo de Bellas Artes*, einem Gebäude im Stil französischer Klassik. Weiter auf der Straße Ismael Valdés Vergara gelangst du an den Straßenhändlern vorbei zum *Mercado Central,* dessen Bauteile in England gegossen wurden. Auf der anderen Seite des Flusses geht es weiter: Dort erstreckt sich 🏴 *La Vega Central,* Santiagos größter Obst- und Gemüsemarkt. Ein Fest für Auge, Ohr, Nase und Zunge: Pfirsiche und Melonen, Erdbeeren, Weintrauben, Avocados und Auberginen häufen sich auf unzähligen Ständen, angepriesen von unermüdlichen Marktschreiern, die zum Probieren einladen.

INSIDER-TIPP
Mehr als nur ein Markt

STADTZENTRUM

Ausgedehnte Fußgängerzonen erleichtern den Bummel durch das Herz der Stadt. Die *Plaza de Armas* ist der Salon von Santiago; an ihr liegen die Kathedrale, das Rathaus, die Hauptpost und das Historische Museum *(Museo Histórico Nacional).* In Letzterem kannst du auf den Glockenturm steigen und das Treiben auf der Plaza aus der Vogelperspektive betrachten! Von dort gelangt man durch den Paseo Ahumada und die Agustinas zur *Moneda*, dem Präsidentenpalast.

SIGHTSEEING

CERRO SAN CRISTÓBAL

Um zum Hausberg (880 m) mit der Marienstatue zu gelangen, geht man von der Plaza Baquedano über die Brücke und die Straße Pío Nono im malerischen Vergnügungsviertel Bel-

Schnell, unkompliziert, authentisch: Restaurants im Mercado Central

lavista zur Talstation der Standseilbahn. Die hält zunächst an einem netten, wenngleich etwas beengten Tierpark *(Zoológico)*. Von der Bergstation führen Treppen auf den Sockel der 36 m hohen *Mariengestalt* (1908): Panoramablick über Santiago. Weiter geht's auf der Hügelkuppe ostwärts, entlang der Straße, auf der sich Radsportler tummeln, oder auf Wanderwegen durch den Wald, mit immer neuen Aussichtspunkten. Dabei rücken die Glaspaläste von „Sanhattan" in den Vordergrund, dahinter zum Greifen nah die imposante Kulisse der Anden. Ein botanischer Garten, Restaurants und zwei Schwimmbäder laden zum Verweilen ein. Mit der renovierten Kabinenseilbahn oder zu Fuß gelangt man über den Zugang Pedro de Valdivia wieder in die Stadt.

LA CHASCONA

Pablo Nerudas Stadtdomizil mit dank der Sammelleidenschaft des Hausherrn vollgestopften Salons, Geheimgängen und verwinkeltem Garten wurde zum Museum. *Di–So 10–18 Uhr | Fernando Márquez de la Plata 0192 | 2 Std.*

MUSEO DE BELLAS ARTES

Das neoklassizistische Gebäude (1910) des Kunstmuseums mit dem lichtdurchfluteten Atrium beherbergt ca. 6000 Kunstwerke verschiedener Genres und Epochen. Regelmäßig Ausstellungen zu aktuellen Themen. Das Museum liegt im Parque Forestal und gibt dem Barrio Bellas Artes seinen Namen, in dem es Bars und Cafés gibt. *Di–So 10–19 Uhr | Eintritt frei | Parque Forestal | mnba.cl | 2 Std.*

CERRO SANTA LUCÍA

Aussichtshügel (70 m) mit hübschem Park in der Stadtmitte. Bei klarer Luft hat man einen schönen Blick über das Zentrum. Der Parkeingang liegt an der Alameda, oben prangt ein spanisches Festungsschlösschen. In der Nachbarschaft liegen die *Nationalbibliothek* mit einem netten Café und die schöne *Kirche San Francisco* (1618) mit Museum und Klosterhof: eine friedliche Oase hinter dicken Lehmmauern.

BARRIO LONDRES

Gleich neben der Iglesia San Francisco, der ältesten Kirche Santiagos, führt die kleine Gasse Londres in dieses versteckte Viertel mit Kopfsteinpflaster. Sehenswert ist das *Museo Londres 38 (Mo–Fr 10–13, 15–18, Sa 10–14 Uhr)*, ein ehemaliges Folterzentrum der Militärdiktatur, das als Museum und Kulturzentrum betrieben wird.

BARRIO LASTARRIA

Gentrifizierung lässt grüßen! Waffles, Barbershops, Fair Trade und vegane Empanadas – dieses Viertel hat sich an Hipster und Touristen angepasst, die hier täglich hinströmen. Demensprechend hoch sind auch die Preise in den zahlreichen hübschen Cafés, Restaurants und Bars sowie auf dem Künstlerflohmarkt in der Gasse José Victoria Lastarria. Ein Bummel ist nachmittags oder abends zu empfehlen, wenn die Straßenmusiker kommen. Beginnen oder beenden kannst du den Spaziergang am *Centro Cultural Gabriela Mistral GAM*, einem Kulturzentrum und Treffpunkt von Jugendlichen, Tänzern und Musikern.

PALACIO DE LA MONEDA

Der italienische Architekt Gioacchino Toesca entwarf Ende des 18. Jhs. diesen seinerzeit größten Palast der spanischen Kolonien als Münzprägestätte (daher der Name *Moneda*). Nach der Unabhängigkeit diente er als Regierungssitz; bis 1958 wohnten die Präsidenten auch hier. 1973 gingen die Bilder des Militärputschs um die Welt, als Tiefflieger die Moneda bombardierten. Heute strahlt die Fassade wieder cremefarben, und Innenhöfe und Salons können besichtigt werden – allerdings nur nach Voranmeldung unter *visitas@presidencia.cl*. Unterhalb des Gebäudes befindet sich ein Kulturzentrum mit Ausstellungsräumen, einem Kunstkino und Kunsthandwerksgeschäften.

INSIDER-TIPP
Kellerkultur

MUSEO PRECOLOMBINO

Im hektischen Gewühl der City ist das in einem schönen alten Kolonialpalast mit lauschigem Patio und Arkaden untergebrachte Museum für präkolumbische Kunst ein Hort der Stille. *Di–So 10–18 Uhr | Bandera 361 | precolombino.cl | 2 Std.*

BARRIO YUNGAY ★

Ein paar Straßenecken entfernt vom Stadtzentrum kannst du eine andere Seite der Metropole kennenlernen: Einst wohnte im Barrio Yungay die Oberschicht. Sie lies prunkvolle Häuser zurück, in denen jetzt Einwanderer, Künstler und Schriftsteller wohnen. In den Straßen und Gassen sprudelt es nur so vor Kreativität, Kultur und Musik. Die Wände erzählen via Streetart

INSIDER-TIPP
Open-Air-Kunst

von Politik und Geschichte. Die Straßen Santo Domingo und Huérfanos laden zum Spaziergang ein, sie sind wahre Freiluftgalerien der Straßenkunst. Im Gegensatz zum Barrio Lastarria ist das Barrio Yungay nicht von Touristen überlaufen und bewahrt (noch) sein alternatives Flair. Gleich daneben liegt das Barrio Brasil mit einer lebhaften Plaza und den gemütlichen Bars auf der Avenida Brasil.

MUSEO DE LA MEMORIA

Das 2010 eingeweihte, auch architektonisch interessante Museum bereitet mit Fotos, Dokumenten und Videos (zumeist mit englischer Übersetzung) eindrucksvoll die dunklen Zeiten der Pinochet-Diktatur auf und erinnert an die Oppositionsbewegung, die die Rückkehr zur Demokratie erkämpfte. *Di–So 10–18 Uhr | Matucana 501 (Metro Quinta Normal) | museodelamemoria.cl | 2 Std.*

BARRIO ITALIA

Hier wohnen Studenten, Hippies und Künstler. Es gibt Yogastudios, Bioläden, vegane Cafés und Antiquitätenläden. Die Av. Italia lädt zum Schaufensterbummel und einer *once* (Teepause mit Snack) ein, z.B im *Café de la Candelaria (Av. Italia 1449 | €€).*

SKY COSTANERA

Vom höchsten Wolkenkratzer Südamerikas kannst du die Aussicht auf die Hauptstadt aus 300 m Höhe genießen. Das Gebäude gehört zur Mall *Costanera Center*. Von den Stockwerken 61 und 62 bietet sich ein fantastischer Rundblick auf Stadt und Anden – toll bei Sonnenuntergang! *Tgl. 10–22 Uhr | Eintritt 15 000 Pesos | Av. Andrés Bello 2457 | skycostanera.cl*

MUSEO INTERACTIVO MIRADOR

Ein Tipp für Familien ist dieses moderne, interaktive Museum, wo Kindern

Das Museo de la Memoria erinnert an die Opfer der Militärdiktatur

Boutique im Viertel Los Dominicos

auf spielerische und höchst unterhaltsame Art und Weise die Naturgesetze nahegebracht werden – und alles zum Anfassen und Ausprobieren! *Di–So 9.30–18.30 Uhr | Eintritt 4000, Kinder 3000 Pesos (Mi ermäßigter Eintritt) | Sebastopol 90 | La Granja | mim.cl*

ESSEN & TRINKEN

AZUL PROFUNDO

Fisch und Meeresfrüchte in nautischem Ambiente – das Auge isst mit ... Die riesigen Ceviche-Portionen kann man sich zu zweit teilen; dazu gibt's einen Pisco Sour! *Tgl. | Constitución 111 | Bellavista | Tel. 2 27 38 02 88 | €€€*

CASA KILTRO

Essen und Politik vertragen sich nicht? Für Besitzer und Koch Mauricio, den viele auch *Kiltro suelto* (den „lockeren Köter") nennen, schon. Auf der Tafel vor seinem Restaurant steht nicht nur die Tageskarte, sondern immer auch ein politischer Spruch. Er kocht traditionell chilenische Gerichte mit Zutaten aus seiner Heimat im Süden und braut sein eigenes Bier. Für Gespräche ist er immer zu haben – manchmal setzt er sich auch mit an den Tisch. *Mo geschl. | Portales 2685 | Barrio Yungay | Tel. 9 90 04 71 40 | €*

CASALUZ

Romantische Atmosphäre im angesagten Barrio Italia. Auf der schönen Terrasse kannst du die mediterrane Küche mit spanischen Wurzeln genießen. Abends gibt's hervorragende Tapas! *Mo geschl. | Av. Italia 805 | Barrio Italia | Tel. 2 29 18 72 04 | €€*

EUROPEO

Eins der besten Restaurants der Stadt: frische Produkte und Zutaten, tolle Texturen, ausgefeilte Präsentationen. *So geschl. | Alonso de Córdova 2417 | Vitacura | Tel. 2 22 08 36 03 | €€€*

EL HUERTO

Klassische Adresse für Vegetarier: Hier gibt's üppige Salate, Lasagne, Quiche, Quesadillas, Currygerichte und vieles mehr. *Tgl. | Orrego Luco 054 | Providencia | Tel. 2 22 31 44 43 | €–€€*

MERCADO CENTRAL

In dem prunkvollen, 1872 eröffneten „Bauch von Santiago" lachen einen nicht nur Obst und Gemüse, Fleisch und Fisch an, hier kann man sich den Genüssen – vor allem frischer Meereskost – auch gleich hingeben. Nicht zu übersehen ist das Lokal *Donde Augusto (Tel. 2 25 77 94 00 | €€€)*, das seine Gäste mit *caldillo de congrio* (Fischsuppe) und *gambas al pil-pil* (scharf gewürzte Garnelen) entzückt. Daneben gibt's noch ein Dutzend einfacher, aber guter Lokale – besonders für Meeresfrüchte: der beste Platz in Chile fürs Katerfrühstück *(tgl. 6–18 Uhr)*.

EL NATURISTA

Eine vegetarische Adresse direkt im Stadtzentrum – so beliebt, dass sich mittags manchmal Schlangen bilden. Typisch chilenische Gerichte wie *pastel de choclo* oder *porotos granados* gibt's hier in der vegetarischen Variante. Probier die frisch gepressten Säfte! *Mo–Fr 9–21, Sa 10–16 Uhr | Moneda 846/ Huérfanos 1046 | Centro | Tel. 2 23 80 07 04 | €*

PEUMAYEN

INSIDER-TIPP **Back to the roots!**

Das Nonplusultra für Feinschmecker: Hier wird chilenische Gourmetküche mit den kulinarischen Einflüssen indigener Völker gemischt. Es gibt thematische Probiermenüs, z.B. Meer, Erde oder Vegetarisch. *So abends und Mo geschl. | Constitución 136 | Bellavista | Reservierung: peumayenchile.cl | €€€*

STADTTOUR

INSIDER-TIPP **Tour gegen Trinkgeld**

Wenn du die Stadt geführt erkunden möchtest und gerne zu Fuß unterwegs bist, kannst du dich (tgl.) um 10 oder um 15 Uhr am *Museo de Bellas Artes* der *Tour 4 Tips* anschließen. Die ehrenamtlichen Guides tragen rot-weiß gestreifte T-Shirts und erwarten ein Trinkgeld. Ebenfalls auf Trinkgeldbasis, aber etwas konventioneller arbeiten die Guides der *Free Tour Santiago*, die um 10 und um 15 Uhr an der Plaza de Armas beginnt. Vor der Moneda, am Mercado Central und an zehn weiteren Stellen halten auch die roten Doppeldeckerbusse, die dir die Stadt zeigen. Für 25 000 Pesos kannst du beliebig aus- und einsteigen. *Engl./Span. 9.30–18 Uhr, alle 30 Min. | Tel. 2 28 20 10 00 | turistik.cl*

SHOPPEN

Die *Tienda Nacional* im Barrio Lastarria *(Merced 369)* ist die Adresse für ausgefallene Mitbringsel: T-Shirts, Schallplatten, Filme, Landkarten, Kochbücher. Auch in den verwinkelten Galerien im Barrio Italia kannst du Originelles finden. Authentisches Kunsthandwerk gibt's im *Centro Artesanal Santa Lucía* zu Füßen des Aussichtshügels, auf der *Feria Artesanal Barrio Bellavista* oder im *Centro Cultural Palacio La Moneda*. Etwas weiter draußen, in Las Condes, findest du das Viertel Los Dominicos, wo Kunsthandwerker auf einem Markt ihre Produkte anbieten.

SPORT & SPASS

BERGSTEIGEN

Die richtige Adresse, um sich beraten zu lassen und um Anschluss an Bergtouren zu finden, ist der Deutsche Andenverein; hier gibt es auch eine Kletterwand. *Arrayán 2735 (Metro Tobalaba) | Tel. 2 22 32 43 38 | dav.cl*

FAHRRAD FAHREN

Ob du an der geführten Citytour mit grünem Bike und Helm teilnehmen oder Santiago auf eigene Faust erkunden willst: *La Bicicleta Verde* macht's möglich. *Almirante Montt 471 | Tel. 2 25 70 99 39 | labicicletaver de.com*

WANDERN & REITEN

Lust auf eine Tagestour, zu Fuß oder zu Pferd in den Anden? Die Agentur *Ando Andes* macht's möglich. *Loreto 6 | Tel. 2 29 33 60 51 | andoandes.cl*

AUSGEHEN & FEIERN

Den Sonnenuntergang kannst du auf dem *Cerro San Cristóbal* mit Blick auf die Anden genießen, anschließend triffst du beim Bummel durchs Kneipenviertel *Bellavista* die Jugend und die Boheme der Hauptstadt. Hier gibt es jede Menge Bars und Clubs mit Livemusik. Die Partyszene ist bunt und vielfältig, und abgesehen vom Sonntag wird eigentlich an jedem Tag gefeiert. Für einen lockeren Drink in einer Bar bist du in Barrio Lastarria, Barrio Brasil oder Providencia richtig, Discotecas und Salsotecas gibt's in Bellavista. Die Insider-Events der Elektro-Partyszene findet man auf sozialen Netzwerken wie z.B. die des queeren Partykollektivs *Holograma* (Facebook oder Instagram).

INSIDER-TIPP
Underground-Partys

BLONDIE

Einer der beliebtesten Clubs und besonders angesagt in der LGBTI-Community. Es gibt mehrere Tanzflächen, auf mindestens einer läuft Musik aus den 80ern und 90ern, Pop, Rock oder Indie – chilenisch und international. Der chilenische Queer-Popstar Álex Anwandter tritt hier regelmäßig auf. *Av. Libertador Bernardo O'Higgins 2879 | Metro Unión Latinoamericana | Tel. 9 41 37 75 29 | blondie.cl*

CHIPE LIBRE – REPÚBLICA INDEPENDIENTE DEL PISCO

Kommt der Pisco aus Peru oder aus Chile? Darüber wird bis heute gestritten. Im Barrio Lastarria wurde deshalb die *Unabhängige Republik des Pisco* ausgerufen. An den Wänden der Bar ist die Karte dieses imaginären Landes zu sehen. Du kannst über 10 verschiedene Cocktails mit dem Traubenschnaps probieren. *So. geschl. | J. V. Lastarria 282 | Tel. 2 26 64 05 84*

EL CLAN

Diese Bar ist gleichzeitig Konzertsaal und Treffpunkt der Bohemia Santiaguina. Aufstrebende Musiker aus der alternativen Szene treten hier auf und feiern anschließend mit dem Publikum. *Tgl. | Eintritt meist ca. 5000 Pesos | Bombero Nuñez 363 | Bellavista | Tel. 2 27 35 36 55 | elclan.cl*

THE JAZZ CORNER

In dieser Jazzbar kannst du den besten chilenischen Musikern zuhören. Ab 22 Uhr gibt's Livemusik, gefolgt von ausgiebigen Jamsessions. Die Atmosphäre ist intim und gemütlich, es

Im Ausgehviertel Bellavista spielt sich das Leben abends auf der Straße ab

passen nicht mehr als 100 Personen in das kleine Lokal; am Wochenende solltest du reservieren! *Mo geschl. | Di/Mi Eintritt frei, Do–So ca. 5000 Pesos | Santa Isabel 0451 | Barrio Italia | Tel. 2 22 74 99 41 | thejazzcorner.cl*

MAESTRA VIDA

Eine der ältesten und bekanntesten Salsotecas der Hauptstadt. Außer montags kannst du hier jeden Abend das Tanzbein schwingen. Mi–Fr und So gibt's hier Salsakurse um 21 Uhr, bevor die Party richtig losgeht. Ab 23 Uhr treffen die chilenischen und lateinamerikanischen Bands ein, die die Tanznacht mit Livemusik begleiten, auch unter der Woche. *Pío Nono 380 | Bellavista | Tel. 2 27 77 53 25 | maestravida.cl*

SIDER-TIPP
Rhythmus pur

BAR RAÍCES

Diese kultige Bar bietet eine Bühne für aufstrebende Musiker. Salsa, Merengue, Forró, Cueca – hier gibt's Di–Sa Livemusik aus verschiedenen Ländern des Kontinents. Auf dem Rückweg am besten ein Taxi nehmen, die Gegend kann nachts etwas unsicher sein. *Cueto 816 | Barrio Yungay | Facebook: Bar Raíces*

RUND UM SANTIAGO

1 CAJÓN DEL MAIPO

25 km, 20 Min. mit dem Auto

Am Wochenende fahren die Santiaguinos gern ins Tal des nahen Río Maipo – zu ruhigen Straßendörfern, Picknickplätzen am Fluss und Landrestaurants. Weiter oben endet der Asphalt, und auf Schotter geht's in die raue Andenwelt. Leichte Wanderungen führen vom Ferienort *Baños Morales* durch Hochtäler zu den Gletschern des Nationalparks *El Morado (70 km südöstlich von Santiago).* D13

Nervenkitzel für Fortgeschrittene: Abfahrt im Skizentrum Portillo

2 PASO LOS LIBERTADORES & PORTILLO

150 km, 2½ Std. (Auto) bis Portillo

Durch Obstplantagen und Weingärten steigt die Straße an, bis sie in steile Serpentinen und zuletzt in einen Tunnel übergeht. Der Andenpass (nach Argentinien) ★ *Paso Los Libertadores* auf 3180 m Höhe gehört zu den spektakulärsten Südamerikas. Von der Passhöhe aus eröffnet sich der Blick auf die schneebedeckten Gipfel, u.a. auf den höchsten Berg der Anden, den *Aconcagua* (6959 m). Kurz vor der Grenze liegt an der Laguna del Inca das Skizentrum *Portillo*. Das Hotel *Portillo (skiportillo.com)* begrüßt auch außerhalb der Schneesaison Gäste mit Apfelstrudel und Kaffee. *D13*

3 SKIZENTREN

50 km, 1 Std. mit dem Auto

Die Bewohner von Santiago haben es im Winter (Juni–Okt.) leichter, auf die geliebten Bretter zu kommen, als die Münchner. 50 km vor der Hauptstadt finden sich die höchstgelegenen (2400–3700 m) und schönsten Skipisten der Welt. Wenn in Europa Sommer ist, kann man sich hier austoben. *Farellones-El Colorado* verfügt über Abfahrten aller Schwierigkeitsgrade; nebenan liegt *Valle Nevado*, das edelste und teuerste Wintersportzentrum Chiles. Am Wochenende ist der Run auf die Pisten so groß, dass man mehr Zeit im Autostau als auf den Brettern verbringt. *skitotal.cl* | *D13*

VALPARAÍSO

(C13) **Bunt, laut, chaotisch, brodelnd – ★ Valparaíso (290 000 Ew.) gilt als die Kunst- und Kulturstadt Chiles. Musiker, Schriftsteller, Fotografen und Streetart-Künstler aus der ganzen Welt zieht es in die Hafenstadt an der Pazifikküste.**

Nicht umsonst wird sie *La Joya del Pacífico,* das „Juwel des Pazifiks" genannt – und so heißt auch ein ihr gewidmetes Lied, das jeder Straßenmusiker hier im Repertoire hat. Nicht von ungefähr hatte der chilenische Dichter Pablo Neruda in Valparaíso ein Haus. Der Handel und die europäischen Einwanderer des 19. Jhs. haben die Hafenstadt kulturell und architektonisch geprägt. Ihre Bewohner, die *Porteños,* sind Fremden gegenüber aufgeschlossen. Anstatt einer schicken Strandpromenade wie in Viña del Mar findest du bunte Container und Hafenkräne in der Bucht. Außerdem ist die Stadt seit 1990 Sitz des chilenischen Kongresses.

Valparaíso ist bekannt für die vielen bunten Häuser, die an den steilen Hügeln zu kleben scheinen. 42 Hügel *(cerros)* säumen den Hafen und den El Plan genannten Küstenstreifen. Knarzende Schrägaufzüge und unzählige Treppen führen hoch auf die *cerros*. Cerro Concepción und Alegre gehören zum historischen Kern der Stadt, der 2003 Unesco-Weltkulturerbe wurde. Am besten erkundest du Valparaíso zu Fuß und nimmst dir genug Zeit, um dich in den vielen kleinen Gassen und auf den Treppen zu verirren – denn so findet man die schönsten Orte.

Wenn du vom Treppensteigen Muskelkater bekommst, kannst du dich in einen grün-weißen Trolebus oder in einen bunten Microbus setzen. Der Microbus mit dem Buchstaben O oder der Nummer 612 fährt für ca. 500 Pesos durch die ganze Stadt. Achtung: Gut festhalten, denn für eine schonende Fahrweise sind die Fahrer nicht berühmt ...

INSIDER-TIPP
Stadttour für einen Euro

SIGHTSEEING

CERROS ALEGRE & CONCEPCIÓN

Die beiden Hügel südlich vom Hafen haben sich in den letzten Jahren zu dem Bohemebezirk schlechthin entwickelt – mit der Folge, dass man hier kaum noch Porteños trifft, sondern größtenteils wohlhabende Santiaguinos, Touristen und Austauschstudenten aus Europa. Trotzdem lohnt der Besuch. In den kopfsteingepflasterten Gassen mit den bunten Hausfassaden entdeckt man auf Schritt und Tritt etwas Interessantes: hier einen Designerladen mit Schmuck und Kleidern, dort ein schickes Terrassenrestaurant, daneben eine Ausstellung mit Bildern von der Hafenstadt und ein paar Meter weiter ein nettes Café ... Zwei Aufzüge erschließen die Hügel: Der Ascensor *El Peral* führt hinauf zum *Paseo Yugoslavo,* mit schönem Blick auf den Hafen und dem prachtvollen *Palacio Baburizza,* heute Kunstmuseum. Mit dem *Ascensor Concepción* gelangt man zum *Paseo Gervasoni,* einer Schlendermeile mit ebenso beeindruckender Aussicht.

HAFEN

Der *Muelle Prat* und die *Plaza Sotomayor* mit dem Denkmal für die Helden der Seeschlacht von Iquique sind die Ausgangspunkte für einen Bummel über die Promenade am Hafen. Hier kannst du zusehen, wie Containerschiffe beladen werden und Kreuzfahrtschiffe anlegen, und den Straßenmusikern ein paar Münzen in den Hut werfen. Auch der ein oder andere Marinesoldat wird dir vermutlich über den Weg laufen. An der Plaza Sotomayor trifft sich um 10 und 15 Uhr die *Tour 4 Tips,* ein lockerer Stadtrundgang auf Trinkgeldbasis. Vom Muelle Prat aus kannst du eine 30-min. Bootstour unternehmen und die Bucht vom Meer aus erkunden (ca. 3 000 Pesos).

STREETART ★ ⚑

Valparaíso ist das Zentrum der Streetart in Chile. Künstler aus aller Welt kommen hierher, um sich mit einem Kunstwerk an einer Wand zu verewigen. Im *Museo a Cielo Abierto (Museum unter freiem Himmel)* in Cerro Bellavista findest du zwischen steilen Treppen und bunten Häusern zahlreiche Wandgemälde. Aber nicht nur dort, eigentlich ist die ganze Stadt eine Kunstgalerie. Die Organisation *Valparaíso en Colores (valparaisoencolores.com)* setzt sich seit 2010 mit über 40 Künstlern für soziale Kunstprojekte in der Stadt ein. In weniger touristischen Vierteln wie Cerro Barón oder Cerro Larraín haben sie zahlreiche Wände mit Bildern bemalt, die für die Bewohner einen Teil ihrer Identität darstellen. Wer mehr über die Straßenkunst der Hafenstadt erfahren will, kann auch an einem geführten Rundgang von *Valpo Street Art (valpostreetart.com)* teilnehmen.

LA SEBASTIANA ☂

Weiter oben auf dem Cerro Bellavista lässt sich das verwinkelte, mit Sammelstücken vollgestopfte Wohnhaus des mit dem Nobelpreis ausgezeichneten Poeten Pablo Neruda besichtigen. Über Audioguides (auch auf Dt.) erfährst du mehr über sein Leben und die Geschichte der Stadt. *Di–So 10–18 Uhr | Calle Ferrari 692 | fundacionneruda.org | ⏲ 2 Std.*

PARQUE CULTURAL VALPARAÍSO

Dieses ehemalige Gefängnis ist jetzt ein Kulturzentrum, in dem Kunstausstellungen, Theater- und Tanzaufführungen und Konzerte stattfinden. Hier findest du außerdem einen Park, eine der wenigen Grünflächen in Valparaíso. *Di–So 9–19 Uhr | Cárcel 471 | Tel. 3 22 35 94 00 | parquecultural.cl*

FISCHEREIHAFEN

Frühaufstehern sei ein Trip zur *Caleta Portales* in Richtung Viña del Mar empfohlen; dort landen die Küstenfischer ihren Fang an, um den sich nicht nur die Menschen, sondern auch Pelikane, Seelöwen und Seeschwalben lautstark streiten. Hier kann man auch gut und preiswert zu Mittag essen. oder sich an den Strand legen. In ca. 30 Min. kann man vom Muelle Barón an der Küste entlang zur Caleta Portales laufen und den Ausblick genießen.

ASCENSORES (AUFZÜGE) ⚑

Den schönsten Blick auf Valparaíso wirft man aus einem der Schrägaufzüge, z. B. dem *Ascensor Artillería,* der schon 120 Jahre auf dem Buckel hat und auf der 30 Grad steilen, 175 m langen Strecke in 80 Sekunden einen Höhenunterschied von 80 m überwindet. Ein Dutzend weiterer *ascensores* sorgt für den Personentransport zwi-

In Valparaíso können sich Streetart-Künstler nach Herzenslust austoben

schen Unter- und Oberstadt. Oben angekommen, kannst du den *Paseo 21 de Mayo* als einen überwältigenden Aussichtsbalkon der Stadt genießen und auf dem kleinen Kunsthandwerksmarkt einkaufen.

NSIDER-TIPP
Markt mit Ausblick

ESSEN & TRINKEN

CAFÉ DEL POETA

Cafẽrestaurant mit breit gefächerter Karte; die Dichter Pablo Neruda und Gabriela Mistral sitzen lebensgroß mit am Tisch. *Tgl. | Plaza Aníbal Pinto 1181 | Tel. 322 22 88 97 | €*

LA CAPERUCITA Y EL LOBO

Wenn man die beleuchtete Treppe hinaufsteigt, fühlt man sich schon wie im Märchen von Rotkäppchen und dem Wolf, nach denen dieses Restaurant benannt wurde. An der Garderobe hängt das rote Mäntelchen ... Die täglich wechselnde Speisekarte wird liebevoll von den Besitzern gestaltet – beide sind Köche – und zeichnet sich durch frische Zutaten aus der chilenischen Küche und Gourmetkreationen aus. Wenn du abends einen Platz auf der hübschen Terrasse mit Meerblick ergattern willst, solltest du vorher reservieren. *Mo geschl. | Ferrari 75 | Tel. 3 23 17 27 98 | €€€*

CINZANO

Urige Tangokneipe mit guter heimischer Küche; am Wochenende (Do–Sa) gibt's Livemusik. Ein Tipp: Ergatter dir einen Platz an der Bar, bestell einen Pisco Sour, und schau den flinken

Wenn es Nacht wird, ist Valparaíso bunt, laut und fröhlich

Barkeepern zu, die hier zum Mobiliar zu gehören scheinen! *So geschl. | Plaza Anibal Pinto 1182 | Tel. 322 21 30 43 | €*

EL INTERNADO

Dieses ehemalige Internat ist jetzt Bar, Restaurant und Kulturzentrum in einem. Auf der Terrasse kannst du die tolle Aussicht über die Lichter der Stadt bei einem Pisco Sour und Gourmetsandwiches genießen. Im Untergeschoss Konzerte, Ausstellungen, Filmvorführungen. *Tgl. | Paseo Dimalow 167 | Cerro Alegre | Tel. 3 23 35 41 53 | €€*

LIBERTY

1897 im Hafenviertel eröffnet, ist diese Bar die älteste der Stadt. Hier gibt es zum Mittagessen Hausmannskost mit frischen Zutaten, am Nachmittag gönnen sich die Porteños ihren ersten *Pipeño,* einen süßen Wein. Über 500 Hüte und Mützen hängen an der Decke, die von Besuchern zurückgelassen wurden. Donnerstags kannst du den Porteños hier beim Cueca-Tanzen zuschauen. *Tgl. 10–18 Uhr | Almirante Riveros 9 | Plaza Echaurren | Tel. 9 91 70 01 71 | €*

INSIDER-TIPP **Tanzeinlage**

EL PIMENTÓN

Eine *picada* wird in Chile ein einfaches Restaurant mit günstigem, gutem Essen genannt, in dem man sich wohlfühlt. *El Pimentón* wurde als beste Picada in Valparaíso ausgezeichnet und hat außerdem den Preis für die beste *chorrillana* in der Hafenstadt gewonnen – ein Berg Fritten mit Fleisch, Rührei und Zwiebeln oder vegetarisch mit Gemüse. *Tgl. | Av. Ecuador 27 | Tel. 9 97 34 50 85 | €*

INSIDER-TIPP **Preisgekrönt**

TRES PECES

Wenn du Fisch und Meeresfrüchte magst und dir Nachhaltigkeit wichtig ist, dann bist du hier goldrichtig. Alle Produkte stammen von kleinen Fischern der Region, die für nachhaltigen Fang ausgezeichnet wurden. Wenn du noch nicht den *caldillo de congrio* probiert hast, ist jetzt der richtige Moment – er wird dir hier kochend in einer Tonschale serviert. *Tgl. | Abtao 644 | Cerro Concepción | Tel. 998736123* | €€

SPORT & SPASS

FAHRRAD FAHREN

Auch wenn die jungen Porteños, die oben in den Hügeln wohnen, mit Leichtigkeit die Hügel und Treppen hinuntersausen, kann das für Normalsterbliche ganz schön abenteuerlich, anstrengend und auch gefährlich sein. Wer sich trotzdem aufs Rad schwingen will, kann eines bei *Bicitours (bicitours.cl)* ausleihen. Jedes Jahr im Februar findet in Valparaíso das urbane Downhill-Rennen *Valparaíso Cerro Abajo* statt, bei dem Bikeprofis aus der ganzen Welt die Hügel der Stadt hinunterrasen.

STRÄNDE

Wenn du vom Muelle Prat aus Richtung Nordwesten an der Küste entlangläufst, kommst du an der kleinen *Playa San Mateo* vorbei, die leider manchmal etwas zugemüllt ist. Wenn du weiterläufst – oder einen der vorbeifahrenden Micros nimmst – kommst du zur *Playa Las Torpederas*, wo die Bewohner des Cerro Playa Ancha baden. Wer's schicker mag, mit Sonnenschirmen und Restaurants, nimmt einen Micro Richtung Viña del Mar, Reñaca oder Concón. Nach einer Stunde Busfahrt kommst du zum Fischerörtchen und Hippie-Badeort *Horcón*. Noch weiter nördlich liegt der herrliche, lange Sandstrand von *Maitencillo*, beliebt bei Surfern und Sonnenanbetern. Die *Escuela de Surf Maitencillo (escueladesurfmaitencillo.cl | Tel. 996256692)* bietet Surfunterricht an.

AUSGEHEN & FEIERN

Valparaíso ist berühmt für sein Nachtleben. Viele Musiker kommen zum Hafen, um hier hier in den Bars zu spielen und sich einen Namen zu machen. Auf der Kneipenmeile *Subida Ecuador* geht es abends hoch her. Wer es etwas gemütlicher mag, geht auf die *Subida Cumming*. Die Discotecas findest du auf der *Av. Errazuriz*.

MÁSCARA

Pop, Rock der 1980er- und 90er-Jahre – in diesem kultigen Club gibt es an jedem Wochentag nicht nur gute Musik, sondern auch günstige Getränke, nette Leute und vor allem viel Platz zum Tanzen. *Plaza Aníbal Pinto 1178 | mascara.cl*

PAGANO

Hier trifft sich die LGBTI-Community und tanzt die ganze Nacht durch. Aber egal ob schwul, lesbisch, hetero, trans oder bi, du wirst den Besuch in diesem bunten Club nicht bereuen. Richtig los geht die Party erst gegen 1 oder 2 Uhr morgens – inklusive Travestie-Show. *So geschl. | Errázuriz 1852 | pagano.cl*

EL VIAJE

INSIDER-TIPP **Gute Fahrt!**

Im Inneren der Bar ist ein ausrangierter Trolebus eingebaut, das sind die grünen Elektrobusse, die durch Valparaíso fahren. Hier gibt es leckere Pisco Sour und Mojitos und fast jeden Abend Livemusik von Jazz über Samba bis zu Cueca. *So geschl. | Subida Cumming 93 | Facebook: El Viaje Bar*

TANZEN

Cueca, Salsa oder Tango – in Valparaíso wird gern getanzt. Wenn du mit den Einheimischen Cueca Porteña tanzen willst, musst du ins *El Rincón de las Guitarras (Freire 431)* oder in die *Quinta De Los Nuñez (Camila 125)* gehen. Tanzstunden kannst du im *Círculo del Folklor y la Cueca Valparaiso (Bellavista 479 | Tel. 996 80 55 73)* nehmen. Nur sonntags öffnet die *Isla de la Fantasia,* dort kannst du Mittagessen, Livemusik hören und Cueca tanzen.

INSIDER-TIPP **Sonntag ist Tanztag**

Kostenlose Salsa- und Bachata-Kurse gibt's mittwochabends in der Tanzbar *Join Vito (Errázuriz 1090 | Tel. 940 94 04 02).* Die Porteños haben sogar ihren eigenen Tango: Die *Milonga del Puerto* kannst du So 16–21 Uhr im *Teatro Montealegre (Montealegre 780)* miterleben. Das Tangokollektiv *Milonga Queer Valparaíso* bricht Geschlechterstereotype beim Tanzen auf.

RUND UM VALPARAÍSO

4 VIÑA DEL MAR

10 km, 30 Min. mit dem Bus

In Viña del Mar (330 000 Ew.) finden sich im Gegensatz zum benachbarten Valparaíso weder Verladekräne noch Hafenkais, sondern nur noble Villen und von Apartmenthäusern und Bettenburgen gesäumte Strände. Die bessergestellten Bewohner der Hauptstadt verbringen hier die Sommermonate. Empfehlenswerte Restaurants: *Anayak (Quinta 134 | Tel. 32 2 68 00 93 | €),* ein Mix aus Restaurant, Café und Imbiss; *Cap Ducal (Av. Marina 51 | Tel. 32 2 62 66 55 | €€€),* das Fisch und Meeresfrüchte serviert; *La Dolce Vita (Av. San Martín 640 | Tel. 32 2 68 75 27 | €€),* eine gute italienische Trattoria. C13

5 VALLE DE CASABLANCA

40 km, 30 Min. mit dem Auto

Zwischen Santiago und Valparaíso liegt eines von Chiles besten Weinanbaugebieten. Viele Weingüter bieten Verkostungen und Rundgänge an und haben ein Restaurant. Die meisten liegen in der Nähe der Ruta 68. Wenn du mehrere Weingüter besuchen willst, bietet sich ein Mietwagen an, sonst kannst du auf der Av. Argentina in Valparaíso einen der gelben Colectivos nehmen oder eine geführte Tour buchen (z.B. *Ruta del Vino de Casablanca* oder *Enotour*). Auf dem Weingut Emiliana wird ökologisch angebaut *(emiliana.cl).* D13

6 ISLA NEGRA ★ ☂

70 km, 1 Std. mit Auto oder Bus (ab Terminal de Buses in Valparaíso)

Südlich von Valparaíso liegt der Ort Isla Negra. Hier fand Pablo Neruda 1939 seine Dichterklause. Er baute das Strandhaus mit exzentrischen Ideen um und füllte es mit den Objekten seiner Sammelleidenschaft: Muscheln, Schnecken, Buddelschiffen etc. Heute ist das Haus Museum *(Di–So 10–18 Uhr | ständig Führungen ohne Voranmeldung | fundacionneruda.org)* und Pilgerstätte für alle, die mehr über Neruda erfahren wollen. Im *Café del Poeta* kann man mit Blick auf den Pazifik einen Kaffee trinken oder Mittag essen und anschließend am Felsenstrand entlang spazieren. 🕮 C13

Mit Wasserblick: Pablo Nerudas Strandhaus in Isla Negra

7 PICHILEMÚ

220 km, 3 Std. mit dem Auto

Der kleine Badeort südlich von Valparaíso ist Chiles heimliche Surf-Hauptstadt. Es gibt hervorragende Wellen, lange Sandstrände und heiße Strandpartys. Vor allem im Sommer füllen sich die Strände mit chilenischen Urlaubern aus Santiago und Umgebung.

INSIDER-TIPP
Die perfekte Welle

Der ein paar Kilometer weiter südlich gelegene Strand *Punta de Lobos* ist mit seinen bis zu 10 m hohen Wellen ein Paradies für Big-Wave-Surfer. 🕮 C14

TALCA

(🕮 C14) **Die heutige Hauptstadt der Region Maule war bereits in Kolonialzeiten ein wichtiges Versorgungszentrum und Treffpunkt der wohlhabenden Großgrundbesitzer dieser fruchtbaren Region.**

Heute leben in Talca zwar 250 000 Einwohner, dennoch hat sich die Stadt ihren ländlichen Charme bewahrt. Den niedrigen, bunt getünchten Lehmziegelhäusern sieht man die Jahre an, wenn sie nicht bereits von Erdbeben zerstört wurden und gesichtslosen Neubauten gewichen sind. Für Reisende bietet sich die Stadt als Ausgangspunkt für Ausflüge in die Zentralanden, zu den Weingütern der Umgebung und an die Küste an.

SIGHTSEEING

Viel zu sehen gibt es in der Stadt nicht: die schattige Plaza de Armas, die platanengesäumte Alameda, der Stadtpark am Ufer des Río Claro – das war's eigentlich schon. Talcas größte Attraktion, das *Museo O'Higginiano y de Bellas Artes (1 Norte 875)*, untergebracht in einer kolonialen Familienresidenz, wurde beim Erdbeben 2010 schwer beschädigt und bislang nicht wieder eröffnet. Ein ähnliches Schicksal erlitt die *Villa Cultural Huilquilemu*, ein wunderschönes Kunst- und Geschichtsmuseum *(7 km Richtung San Clemente)*.

ESSEN & TRINKEN

Preiswert und gut isst man in der *Markthalle (1 Sur | 4 Oriente)* und im *Viejas Cochinas* auf der Westseite der Flussbrücke. Abends geht's für den Absacker auf die Kneipenmeile *Isidoro del Solar*.

RUND UM TALCA

8 VALLE DE COLCHAGUA ★

140 km, 2 Std. mit dem Auto

Rosengesäumte Feldraine, dahinter Rebenspaliere, und aus Schläuchen tropft für jeden Rebstock das genaue Maß an nötigem Nass – willkommen im Herzen des chilenischen Weinbaugebiets, an der Quelle der vollmundigen Roten und frischen Weißen! Zwischen der Provinzhauptstadt San Fernando und der Pazifikküste erstreckt sich, eingerahmt von Hügelketten und bewässert vom Río Tinguiririca, das Colchagua-Tal. Sonnenreiche Sommer mit großem Tag-Nacht-Temperaturgefälle sowie frische Meeresbrisen sorgen für einen optimalen

Mächtige Eichenfässer lagern im Keller des Weinguts Viu Manent

Reifeprozess der Trauben. Die hiesigen Güter haben früh das Potenzial des Önotourismus erkannt und eine Weinstraße geschaffen, die mehr bietet als nur Verkostungen. Bei *Viu Manent* fährt man in Kutschen durch die Weinfelder, bei *Montes* und *Lapostolle* besichtigt man architektonisch ausgeklügelte Kellereien, während bei *Bisquertt* eine jahrhundertealte Hazienda aufgemöbelt wurde. Bei *Montgras* kann man seinen eigenen Wein keltern, und in der *Viña Santa Cruz* gondelt eine Seilbahn auf einen Hügel. Eine Reihe vorzüglicher Hotels und Restaurants in und um Santa Cruz runden die Offerte ab. In den späten Sommermonaten (März/April) werden hier zur Weinernte die Fiestas de la Vendimia gefeiert. *C–D14*

9 CONSTITUCIÓN

110 km, 1½ Std. mit dem Auto

„Die Kirche", „Der Elefant", „Die Liebenden" – fantasievolle Namen wie diese tragen die fantastischen Felsformationen im Meer an der Küste von Constitución, einer Kleinstadt westlich von Talca. Die von Tausenden Seeschwalben und Kormoranen weiß getünchten Klippen heben sich prächtig ab vom schwarzen Sandstrand vulkanischen Ursprungs, dazwischen schießt die Gischt empor, oben kreisen die Pelikane. Etwas weiter nördlich könnte der Kontrast kaum größer sein: Zwischen Küstenstraße und Strand erstrecken sich die *Dunas de Putú*, ein 20 km langes, 3–5 km breites Sanddünenband, das einen Spaziergang lohnt. *C14*

INSIDER-TIPP
Wie in der Sahara

10 ALTOS DE LIRCAY ★

70 km, 1 Std. mit dem Auto

In dem Naturschutzgebiet östlich von Talca treffen Säulenkakteen und Hartlaubgewächse der Halbwüste Nordchiles auf die ersten Urwälder des Südens. Unter dem Schattendach uralter Baumriesen wandert man zu Aussichtspunkten. Erprobte Bergwanderer können den Cerro Peine (2448 m) erklimmen. Der Wanderweg El Enladrillado führt zu einer mysteriösen Plattform, die Einheimischen zufolge ein UFO-Landeplatz ist (s. Erlebnistour 2, S. 117). Bei großer Dürre ist der Campingplatz *Los Carpinteros* manchmal geschlossen, um Waldbrände zu vermeiden. Vom *Terminal de Buses* in Talca fährt ein Bus nach Vilches Alto, von da sind es noch 2 km zum Eingang. *D15*

INSIDER-TIPP
Achtung, Außerirdische!

11 TERMAS DE CHILLÁN ★

220 km, 3½ Std. mit dem Auto

Lange vor Ankunft der Spanier war den Pehuenche die Heilkraft der heißen Quellen bekannt, die an den Hängen des bewaldeten Vulkans Chillán sprudeln. Heute bieten hier einige Hotels ganzjährig heiße Naturbäder, im Sommer schöne Wanderrouten aller Schwierigkeitsgrade und einen Bikepark sowie im Winter herrliche Skipisten (insgesamt 28 auf 10 000 ha Hängen!). Für Snowboarder ist eine besondere Piste präpariert. Mit einem Sessellift kann man die Hänge auch im Sommer hinauffahren und dabei von oben die Fumarolen (heiße Gas- und Wasserdämpfe) beobachten, die aus der Asche steigen. *C15*

DER SÜDEN

UNBERÜHRTE NATUR UND ABENTEUER

Sattgrüne Regenwälder, tiefblaue Seen, schneebedeckte Vulkane – das erwartet dich im „Kleinen Süden". Das Klima ist feuchter und wechselhafter als in Nord- und Mittelchile. Die Natur dankt es mit saftigen Weiden und Regenwäldern.

Die Mapuche, das größte indigene Volk Chiles, sind hier zu Hause. Sie nennen das Gebiet südlich des Bío-Bío-Flusses Wallmapu. Nach zahlreichen blutigen Vernichtungsfeldzügen brachen chilenische Truppen im 19. Jh. ihren Widerstand. Seitdem sind Naturwälder

Am Ende der Welt: Bootssteg am Huillinco-See auf der Isla Grande de Chiloé

landwirtschaftlichen Nutzflächen sowie Pinien- und Eukalyptusplantagen für die Papierindustrie gewichen. Bis heute kämpfen die Mapuche für die Rückgabe ihrer Gebiete und politische Autonomie. Deutsche *colonos* erhielten Ende des 19. Jhs. vom chilenischen Staat Ländereien, um die Region landwirtschaftlich zu erschließen. In Städten wie Valdivia und in den Dörfern am Llanquihuesee findet man bis heute ihre Spuren: Giebelhäuser und Schindeldächer, deutsches Bier und Streuselkuchen.

DER SÜDEN

MARCO POLO HIGHLIGHTS

★ **PARQUE NACIONAL CONGUILLÍO**
Araukarien rund um den schneeweißen, über 3000 m hohen Vulkan Llaima ➤ S. 91

★ **PUCÓN**
Auf dem Pferderücken durch den Regenwald reiten ➤ S. 92

★ **VULKAN VILLARRICA**
Ein Feuer speiender Berg sozusagen „zum Anfassen" – zumindest, wenn du die Mühe einer langen, anstrengenden Wanderung in Kauf nimmst ➤ S. 93

★ **LAGO LLANQUIHUE**
Schwarzwälder Kirschtorte am großen See: zu Gast bei den Nachfahren deutscher Einwanderer ➤ S. 96

★ **ISLA DE CHILOÉ**
Auf der sagenumwobenen Pazifikinsel entschleunigen ➤ S. 97

Galvarino
Cholchol
Carahue
Lautaro
Curacautín
2 Valle de Lonquimay
Cherquenco
Temuco
S. 90
1 Parque Nacional Conguillío ★
Teodoro Schmidt
Freire
Melipeuco
Villa Pehuenia
Zapala
ARAUCANÍA
Gorbea
Parque Nacional Huerquehue 5
130 km, 1 Std. 40 Min.
Villarrica
S. 91
Pucón ★
S. 91
Aluminé
Curarrehue
Lanco
Huskyfarm Aurora Austral 4
3 Parque Nacional Villarrica
40
Coñaripe
Vulkan Villarrica ★
Máfil
Panguipulli
Valdivia
S. 94
Neltume
Los Lagos
Junín de los Andes
RÍOS
200 km, 4 Std.
Paillaco
Futrono
San Martín de los Andes
La Unión
Lago Ranco
San Pablo
Osorno
Entre Lagos
8 Parque Nacional Puyehue
215
Villa La Angostura
Río Negro
Purranque
LAGOS
5
Lago 6
Llanquihue ★
7 Parque Nacional Vicente Pérez Rosales
Dina Huapi
San Carlos de Bariloche
Puerto Varas
Puerto Montt
S. 95
40
Calbuco
CHILE
7
Hornopirén
El Bolsón
ARGENTINA
Golfo de Ancud
Esquel
Chaitén
7
Golfo Corcovado
Futaleufú
40
50 km
31.06 mi

Araukarienwälder umgeben den Vulkan Llaima im Parque Nacional Conguillío

TEMUCO

(🕮 C17) **Die Hauptstadt der Araucanía-Region (heute 280 000 Ew.) liegt im Herzen von Wallmapu, dem Territorium der Mapuche.** Die Geschichte der Stadt ist eng mit deren Kultur verwoben, spiegelt aber auch die kolonialen Strukturen der chilenischen Gesellschaft wider. Im Zentrum Temucos verkaufen *hortaliceras* („Gemüsefrauen") Obst und Gemüse und werden regelmäßig von Polizisten des Platzes verwiesen. Tourismus, Agrarindustrie, Forstwirtschaft und Lachszucht bedrohen die Lebensweise der Mapuche in den umliegenden ländlichen Gemeinden. Die Diskriminierung durch den Staat hat zu Unmut unter den Mapuche geführt. Bei den Protesten im Oktober 2019 köpften Demonstranten die Statue des spanischen Eroberers Pedro de Valdivia und klemmten seinen Kopf unter den Arm der Statue des Mapuche-Kämpfers Caupolicán.

ESSEN & TRINKEN

FERIA PINTO

Auf diesem farbenfrohen Lebensmittelmarkt verkaufen Mapuche und Chilenen Obst, Gemüse, Käse und Honig. Wenn du noch keinen Merkén – das scharfe Gewürzsalz der Mapuche – gekauft hast, ist jetzt der richtige Moment! In den *cocinerías* rund um den Markt kannst du auch günstig mittagessen. *Mo–Sa 6–18.30 Uhr | Aníbal Pinto 045*

INSIDER-TIPP
Würziges Souvenir

ZUNY TRADICIONES

Señora Zuny bereitet traditionelle Mapuche-Gerichte zu. Für ihren Beitrag zum Erhalt der Mapuche-Kultur wurde sie vom Kulturministerium als *Tesoro*

Humano Vivo („lebendes Menschheitserbe") ausgezeichnet. *Tucapel 1374/Matta | Tel. 9 84 98 72 23 | €*

SHOPPEN

In Temuco kannst du die schönen Textil- und Silberarbeiten der Mapuche-Frauen kaufen– z.B. bei *Artesanía Mapuche Aylin (Gon. Cruz 247 | artesania mapucheaylin.cl)* oder bei *Folil Araucanía (Portal Temuco, Local 3073 | folil araucania.cl)*. Im *Museo Regional de la Araucanía (Av. Alemania 084)* werden Textilarbeiten der Fair-Trade-Stiftung *Cholchol* angeboten. Auf dem Gelände der Stiftung (16 km von Temuco entfernt) kannst du den Frauen beim Weben zuschauen *(Tel. 4 52 61 40 07 | cholchol.org)*.

SIDER-TIPP
Am Webstuhl

AUSGEHEN & FEIERN

LOS TONELES

In dieser urigen Bar gibt's *cerveza artesanal* vom Fass und Cidre. Dazu Pizza oder eine *chorrillana. So geschl. | San Martín 228 | Tel. 4 52 73 60 94*

RUND UM TEMUCO

1 PARQUE NACIONAL CONGUILLÍO ★

125 km, 2 Std. mit dem Auto

In diesem Nationalpark östlich von Temuco hat die Natur die reizvolle Kombination von wilder Vulkanlandschaft, Bergseen und Araukarienwäldern zur Perfektion gebracht. Der Kegelvulkan *Llaima* (3125 m) führt mit zwei Dutzend registrierten Ausbrüchen (zuletzt 2009) die Liste von Chiles Feuerspeiern an, abzulesen an den erkalteten Lavaströmen, die ringsum Wälder begraben, Flüsse aufgestaut und Seen geformt haben. Wanderwege erschließen den Park. *C–D17*

2 VALLE DE LONQUIMAY

120 km, 2 Std. mit dem Auto

Im Valle de Lonquimay hat der Vulkan *Lonquimay* (2865 m) eine Aschelandschaft geformt, vor deren Hintergrund schirmförmige Araukarien prangen. Von dem idyllischen Dorf Malalcahuello aus kannst du das Naturschutzgebiet *Reserva Nacional Malalcahuello-Nalcas* besuchen. In dieser Gegend leben die Pehuenche, diejenigen Mapuche, die in den Anden zu Hause sind. Manche Gemeinden haben sich dem Tourismus geöffnet, wie z.B. die *Lof Bernardo Ñanco,* die Reitausflüge anbietet (Info auf *malalcahuellochile.cl/turismo-mapuche*). Auch *Fundo Laguna Blanca,* von einer deutschen Familie gegründet, bietet Wanderungen und Reittouren durch die Naturwälder an *(fundolagunablanca.com)*. *D17*

VILLARRICA & PUCÓN

(C17) **Die Umgebung des Lago Villarrica ist in den letzten Jahren zum Ziel für Naturfreunde und Out-**

door-Freaks gworden. Kein Feriengebiet in Südchile ist so gut erschlossen.

Das größere Städtchen *Villarrica* und das kleine, aber im Sommer brodelnde ★ *Pucón* sind durch eine von Ferienanlagen gesäumte Uferstraße verbunden. Um den Vulkan *Villarrica* (2840 m) mit seiner ewigen Rauchfahne locken dichte Südbuchen- und Araukarienwälder zum Wandern und Reiten, laden Flüsse zum Rafting ein, warten Thermalbäder und schwarzsandige Strände auf Erholungsbedürftige.

ESSEN & TRINKEN

COCINA MAPUCHE ANITA EPULEF

INSIDER-TIPP
Kochen mit Kultur

Das Restaurant liegt etwas außerhalb (40 Min. von Pucón), aber der Besuch lohnt! Hier gibt's authentische Mapuche-Gerichte mit frischen Zutaten, z.B. *piñones* (die Frucht der Araukarie) gebraten in Merkén. Zubereitet werden sie von Köchin Anita Epulef, deren Ziel es ist, die Rezepte ihrer Vorfahren an kommende Generationen weiterzugeben. *Camino intern., km 38 | Curarrehue | Tel. 9 75 10 38 16 | €€*

ECOLE

Für Veggies und Hippies die richtige Adresse: Zum Frühstick gibt's Joghurt mit Obst und Müsli, mittags kreative vegetarische Gerichte mit Quinoa und Gemüse und abends Biowein bei tollem Preis-Leistungs-Verhältnis! Abseits der Hauptstraße kannst du ein bisschen zur Ruhe kommen. *Gral. Urrutia 592 | Pucón | Tel. 4 52 44 16 75 | €*

FUEGO PATAGÓN

Für Fleischliebhaber: Hier werden *parrilladas* (Platten mit Grillfleisch) aufgetischt. Aber auch Fisch und Pasta und eine gute Weinkarte. Die Preise sind allerdings happig. *Pedro Montt 40 | Villarrica | Tel. 45 2 41 22 07 | €€*

PATACÓN

Tolle Sandwiches mit knusprigen *papas rústicas* und *cerveza artesanal* vom Fass. Im Patio kommt bei Livemusik Stimmung auf. *Gerón. de Alderete 447 | Pucón | Tel. 9 85 96 60 02 | €€*

WELLNESS

THERMALBÄDER

INSIDER-TIPP
Warmbaden im Wald

Um Pucón sprudeln etliche heiße Quellen im Wald. Die Palette reicht von den Freibecken *Los Pozones* bis zum altgedienten Thermalhotel *Huife (termashuife.cl)*. Abgelegen, aber traumhaft: die *Termas Geométricas (termasgeometricas.cl)*; rote Holzstege verbinden 16 in einen grünen Felsencanyon eingepasste, dampfende Steinbecken, dahinter rauscht ein Wasserfall.

SPORT & SPASS

KAYAK & RAFTING

Pucón gilt als Zentrum des Wassersports und Abenteuerurlaubs. Mehrere Agenturen bieten Kayak- und Raftingtouren an. *Kayak Chile (Tel. 9 58 24 49 74 | kayakchile.net)* organisiert Halb-, Ganz- und Mehrtagestouren für Anfänger und Profis.

REITEN

Gibt es eine schönere Art, die Berge rund um Pucón zu entdecken, als auf dem Pferderücken? Luis und Carmen vom deutsch-chilenischen Reiterhof *Rancho Carhuello (Pucón | Tel. 966616165 | rancho-carhuello.net)* bieten Touren durch die Wälder und Vulkanlandschaften an. Auf einer mehrtägigen Tour, die durch Regenwald, zu Seen, Vulkanen und Thermalquellen führt, kommst du bis nach Argentinien.

SIDER-TIPP
Zu Pferd über die Anden

Bergsteiger auf dem Weg zum Gipfel des Vulkans Villarrica

RUND UM VILLARRICA & PUCÓN

3 PARQUE NACIONAL VILLARRICA

10 km, 20 Min. von Pucón (Auto)

Die Besteigung des ★ *Vulkans Villarrica* ist ein Erlebnis, schließlich ist der 2847 m hohe Kegel mit der ewigen Eiskappe einer der aktivsten Vulkane Chiles und der einzige, in dessen Schlund man die Lava brodeln sieht. Für die 8-stündige Tour an den rauchenden Kraterrand brauchst du eine gute körperliche Verfassung – und Sonne, um den Rundblick auf Seen und Vulkane zu genießen. *Buchung über Agenturen in Pucón (ab 100 000 Pesos) | C17*

4 HUSKYFARM AURORA AUSTRAL

20 km, 25 Min. von Villarica (Auto)

Im Sommer kannst du einen Schlittenausflug mit Huskys unternehmen oder eine Husky-Wanderung. Wer Ruhe braucht, kuschelt mit den Welpen. Auch Pferde- und Fahrradverleih; als Unterkunft dienen Bungalows. Ideal für einen aktiven Familienurlaub! *Schlittenfahrt 35 000, Kinder u. 12 J. 25 000 Pesos/P. | Tel. 989014518 | auroraaustral.com | C17*

5 PARQUE NACIONAL HUERQUEHUE

35 km, 45 Min. von Pucón mit Buses Caburga (3x tgl.)

In stillen Bergseen spiegeln sich die Araukarien, der Waldboden federt unter den Schritten: Für Wanderer, die

Am Flussmarkt von Valdivia wartet nicht nur menschliche Kundschaft auf frischen Fisch

unberührte Natur, Stille und Einsamkeit suchen, ist der Nationalpark genau richtig. *Eintritt 7000 Pesos | Tel. 961574089 | C-D17*

VALDIVIA

(C18) **Für viele Chilenen ist sie eine der schönsten Städte des Landes: Valdivia, die „Perle des Südens" und Hauptstadt der Región de los Ríos (150 000 Ew.).**
Die Universitätsstadt versprüht jugendliche Energie und hat eine herrliche Lage am Río Valdivia. Giebeldächer und Bierbrauereien erinnern an die deutschen Einwanderer des 19. Jhs. Im Oktober zieht die Stadt Kunst- und Kulturschaffende aus aller Welt an, wenn sie das FICVALDIVIA, das wichtigsten Filmfest Chiles, ausrichtet.

SIGHTSEEING

MUSEO VAN DE MAELE

Die Villa des Brauereibesitzers, Freigeists und Urvaters der deutschen Einwanderer Karl Anwandter (1801–89), errichtet nach 1860 am Ufer des Río Valdivia und nach Feuern, Erd- und Seebeben immer wieder aufgebaut, ist heute ein Heimatmuseum zur Stadtgeschichte, mit prähispanischen Fundstücken und Mapuche-Silberarbeiten. *Di–So 10–13, 14–20 Uhr | Los Laureles s/n | Isla Teja | 1 Std.*

ESSEN & TRINKEN

CERVECERÍA KUNSTMANN

Deutsche Einwanderer haben im 19. Jh. die Bierbraukunst nach Chile gebracht. 10 km außerhalb von Valdivia, auf der Isla Teja, befindet sich eine der größten Brauereien des Landes. Es werden Führungen und Verkostungen angeboten. Im Sommer (Jan./Feb.) organisiert die Brauerei ein Bierfest. *Tgl. 12–24 Uhr | Ruta T 350 950 | Isla Teja | cerveza-kunstmann.cl*

FERIA FLUVIAL

Am Flussufer kannst du am Vormittag den lebhaften Markt besuchen und frisches Ceviche essen. Die Seelöwen warten darauf, dass ein Verkäufer oder ein Tourist ihnen etwas zu fressen zuwirft. *Tgl. 7–15.30 Uhr | Av. Prat s/n*

LA ÚLTIMA FRONTERA

Morgens gibt's Frühstück, tagsüber ein preiswertes Mittagsmenü, und abends verwandelt sich das Restaurant in die angesagteste Bar der Stadt. Köstliche Sandwiches und eine große Auswahl an lokalen Fassbieren (z.B. *Cuello Negro*)! An sonnigen Tagen kannst du dich in den Patio unter die Bäume setzen. *So geschl. | Pérez Rosales 787 | Tel. 6 32 23 53 63 | €€*

AUSGEHEN & FEIERN

Wenn du gerne Bier trinkst, bist du in Valdivia richtig. Abends öffnen jede Menge Bars, in denen du ein kühles Bier vom Fass trinken kannst. Beliebt ist die Kneipenmeile *Saelzer* in der Nähe der Uni. In der Brauerei und Bar *El Growler (Saelzer 41)* gibt es über 15 Fassbiere und das beste IPA *(India Pale Ale)* der Stadt. Nach deutscher Brauart gebraut wird in der Bar *Grosse Gerste (Av. Arturo Prat 425)* direkt am Fluss.

SIDER-TIPP
Da braut sich was zusammen

AUSFLÜGE

FLUSSFAHRTEN

Gelb, geräuschlos und ganz schön schnell: Seit 2015 verkehren Solartaxiboote auf dem Fluss. Gleich daneben, am Muelle Schuster, liegen die größeren Ausflugsdampfer für längere Flusstouren. Dort, wo sich der Fluss zur Meeresbucht bei Niebla öffnet, zeigen sich die Zinnen der Forts von *Isla Mancera, Niebla* und *Corral*. Im 16. Jh. von den Spaniern zum Schutz gegen britische Korsaren und holländische Eroberer errichtet, können sie heute – ganz ohne Gegenwehr – von neugierigen Besuchern erstürmt werden. *📖 C18*

PUERTO MONTT

(📖 C19) **Die lebhafte Hafenstadt (210 000 Ew.) an der Reloncaví-Bucht versprüht noch immer spröden Pioniercharme: Holz- und Wellblechhütten neben modernen Betonbauten.**

Einen Abstecher wert ist der kleine Fischerhafen Angelmó, wo Stände mit Kunsthandwerk und einfache Lokale für Atmosphäre sorgen. Hier kannst du preiswert und frisch Muscheln, Fisch und Seekrebse schlemmen. Erst 1853 wurde der Ort als Anlaufplatz für deutsche Kolonisten gegründet. Heute ist er vor allem Einschiffungsort für die Fähren in den patagonischen Süden.

ESSEN & TRINKEN

KIEL

Am Kamin mit Blick auf die verregnete Fördelandschaft wird Königskrabbe serviert. Wenn du gerne Meeresfrüchte isst, probier die Meeresfrüchteplatte *Jardín del Mar!* Im Inneren ähnelt das Restaurant eher einem Antiquitätenmuseum. Den Namen trägt es, weil die Besitzer 1973 aus Kiel nach Chile kamen. Etwas außerhalb. *Camino a Chinquihue, km 8 | Tel. 26 52 25 50 10 | €€*

TABLON DEL ANCLA

Diese *picada* mit der alten Holzfassade an der Plaza sieht schon von außen gemütlich aus. Drinnen gibt's Hausmannskost und Bier vom Fass. *Antonio Varas 350 | Tel. 6 52 36 75 54 | €*

RUND UM PUERTO MONTT

6 LAGO LLANQUIHUE ★

45 km, 40 Min. mit dem Auto bis Frutillar

Mal wild schäumend, mal sanft kräuselnd, mal Vulkane spiegelnd: So präsentiert sich nördlich von Puerto Montt der Llanquihuesee, mit 860 km² das größte Gewässer im Seengebiet (zum Vergleich: Der Bodensee ist 538 km² groß). Das Westufer ist zum Touristenzentrum geworden. In *Puerto Varas*, *Llanquihue* und *Frutillar* erzählen Holzvillen, Straßenschilder und *kúchenes* von den deutschen Einwanderern, die die Wälder einst in Weideland verwandelten. Ein nostalgisch verklärtes Bild davon vermittelt das *Museo Colonial (März–Dez. tgl. 10–18, Jan./Feb. 10–19.30 Uhr)* in Frutillar. Man sitzt in Cafés mit Namen wie *Bauernhaus,* schlemmt Schwarzwälder Kirschtorte und fühlt sich fast wie am Bodensee – nur dass anstelle von Alpengipfeln die Vulkane Puntiagudo, Osorno und Calbuco vom anderen Seeufer grüßen. Im schicken *Teatro del Lago (Frutillar | teatrodellago.cl)* kannst du dir eine Musik- oder Theateraufführung ansehen – im großen Saal mit fantastischer Akustik oder im Amphitheater mit Blick auf den See! Tagsüber lockt der Kunsttempel mit Ausstellungen, einem netten Café und einem Souvenirladen (s. auch Erlebnistour 3, S. 120). *🕮 C18–19*

7 PARQUE NACIONAL VICENTE PÉREZ ROSALES

75 km, 1 Std. mit dem Auto

Vom Ostufer des Llanquihuesees bis zum Gipfel des Vulkans *Tronador* (3491 m) erstreckt sich dieser Nationalpark (2540 km²). Sein größter Teil ist von immergrünem Regenwald bedeckt. Ein landschaftlicher Höhepunkt ist der türkisfarbene See *Todos Los Santos* (175 km²), der sich bis weit in die Anden hineinzieht. Im Rahmen einer Tagestour leicht erreichbar sind auch die *Wasserfälle des Petrohué* sowie der *Vulkan Osorno* (2652 m), dessen schneebedeckter Kegel über der einsamen Landschaft thront. Eine asphaltierte Straße führt an seinen Hängen hinauf zur Talstation des Skilifts. Von hier eröffnet sich ein toller Panoramablick über den tiefblauen Llanquihuesee. *C18–19*

8 PARQUE NACIONAL PUYEHUE

150 km, 2½ Std. mit dem Auto

100 km östlich von Osorno erstreckt sich in den Anden der *Puyehue-Nationalpark* (107 000 ha); davor liegen der gleichnamige See und der größere *Rupanco-See*. Der Park wird dominiert vom Vulkan *Puyehue* (2240 m), der zuletzt 2011 ausbrach und alles ringsum mit Asche bedeckte. Die Region ist ein lohnendes Wander- oder Skisportziel. Die heißen Quellen *Termas de Puyehue* und *Aguas Calientes* sind der perfekte Ort, um die vom Wandern verspannten Muskeln wieder zu lockern. *C18*

SIDER-TIPP
Raus aus den Stiefeln, rein ins Wasser!

ISLA DE CHILOÉ

(B–C 19–20) **Die ★ Isla de Chiloé (150 000 Ew.), 250 km lang und 50 km breit, strahlt etwas Magisches aus, wenn man sich ihr mit der Fähre nähert und sie aus dem Nebel hervorsteigen sieht. Die Insel ist von Sagen umwoben – ihre Bewohner erzählen gerne Geschichten von Geisterschiffen, Hexen und Waldtrollen.**

Die Chiloten leben vom Kartoffelanbau und vom Fischfang. Ein Boot am Ufer, eine Kuh im Stall, Schweine im Koben und Hühner vor der Hütte hat jeder – und Schafe für die Wollpullover gegen den kalten Wind auch. Die Zuchtfarmen der Lachsindustrie, die sich um die Insel herum ausbreiten, machen ihnen aber das Leben schwer. Manche Chiloten fordern die Unabhängigkeit der Insel von Chile.

Nicht nur ihre Bewohner verleihen der fünftgrößten Insel Südamerikas einen einzigartigen Charakter. Dich erwarten unberührte Natur, Nationalparks mit dichten Wäldern, Pinguine und Wale, Holzkirchen, die zum Unesco-Weltkulturerbe gehören, und romantische Städtchen mit bunten Häusern auf Stelzen *(palafitos)*. Auf Chiloé wurden außerdem die ältesten Spuren wilder Kartoffeln gefunden – sie gehören zum Weltagrarkulturerbe.

Wasserfälle des Petrohué im Nationalpark Vicente Pérez Rosales

Farbenfroh: die Pfahlhäuser von Castro

Öffentliche Verkehrsmittel fahren nur selten auf der Insel. Am einfachsten ist es deshalb, sich von Castro oder Ancud aus mit einem Mietwagen fortzubewegen oder Tagesausflüge zu unternehmen (empfehlenswerte Agenturen sind *Chiloétnico* und *Chiloé Natural*). Auf der Website *chiloeturismo rural.cl* findest du eine hilfreiche Karte der Insel mit 55 Kontakten zu einheimischen Familien, die Restaurants, Unterkünfte und Ausflüge anbieten. Auf Chiloé scheint die Erde sich etwas langsamer zu drehen. Um dich wirklich auf die Ruhe der Inselbewohner einzulassen, solltest du dir mindestens ein paar Tage Zeit für die Insel nehmen.

SIGHTSEEING

MONUMENTO NATURAL ISLOTES DE PUÑIHUIL

Die kleinen Inseln etwa 30m westlich von Ancud sind der einzige Ort der Welt, an dem Magellan- und Humboldtpinguine gemeinsam leben. Am besten kann man sie bei einer Bootsfahrt beobachten. Du kannst entweder direkt zum Strand von Puñihuil fahren oder die Bootstour vorher reservieren, z.B. bei *Ecoturismo Puñihuil (ca. 7 500 Pesos/Pers. | pinguineraschiloe.cl)*.

HOLZKIRCHEN

150 Holzkirchen gibt es auf Chiloé, 16 davon hat die die Unesco zum Weltkulturerbe erklärt. Der Bau der Kirchen wurde im 17. Jh. von vorwiegend aus Bayern stammenden Jesuiten begonnen und nach deren Ausweisung von Franziskanern weitergeführt. Sie wurden ohne einen einzigen Nagel gefügt und meist mit farbigen Schindeln verkleidet, wie z.B. die Kathedrale von Castro.

PARQUE NACIONAL DE CHILOÉ

Der 430 km² große Nationalpark liegt 30 km westlich von Chonchi und 54 km südwestlich von Castro. Auf der weniger besiedelten Westseite der Insel erwarten dich atemberaubende Strände, unberührte Wälder, über 100 verschiedene Vogelarten und Pudus (kleine Hirsche). Du solltest dich auf Regen und Pazifikstürme gefasst machen, wasserfestes Schuhwerk, dicke Socken und eine Regenjacke sind ein Muss! Die *Playa Cole Cole* mit ihrem weißen Sandstrand ist ein Geheimtipp und nur durch eine längere Wanderung zu erreichen. Im Park gibt es mehrere Campingplätze, manche werden von den indigenen Huilliche betrieben.

SIDER-TIPP
Paradiesischer Strand

INSELN

Um Chiloé herum gibt es etwa 40 weitere kleine Inseln, die mit dem Boot zu erreichen sind. Dort ist die Natur noch unberührt, und die Menschen leben noch isolierter als auf der Hauptinsel. Von Castro aus kannst du z.B. die Inseln Lemuy und Quenac besuchen. In der Nähe von Quemchi liegt die Isla Aucar, auch *Isla de los almas navegantes* („Insel der reisenden Seelen") genannt. Eine der schönsten Inseln ist Mechuque, die du von Tenaún aus in 45 Minuten erreichen kannst; von Castro aus werden Tagesausflüge angeboten. Im dortigen Restaurant *La Pincoya* kannst du einen der besten *curanto al hoyo* probieren, einen traditionellen chilotischen Eintopf aus Fleisch, Fisch, Meeresfrüchten und Kartoffeln, der in einem Erdloch auf heißen Steinen zubereitet wird.

SIDER-TIPP
Eintopf aus der Erde

ESSEN & TRINKEN

CAFÉ AMARANTHINE

Quinoa-Burger, Fair-Trade-Kaffee, vegane Kuchen und leckere Smoothies – das alles findest du in Chiloés erstem vegetarischem Biocafé. *Mo geschl. | Lord Cochrane 412 | Ancud | Tel. 6 52 62 74 48*

TRAVESIA

In diesem gemütlichen Restaurant fühlst du dich wie bei Freunden. Besitzerin und Köchin Lorna bereitet traditionelle Gerichte der Insel zu, wie *canchito ahumado* (geräuchertes Schweinefleisch). Sie hat sogar ein Buch über die chilotische Küche geschrieben. *Eusebio Lillo 188 | Castro | Tel. 65 2 63 01 37 | €€*

LA VENTANA DE ELISA

In diesem dunkelblau gestrichenen Häuschen am Wasser kannst du dich mit einer köstlichen heißen Schokolade aufwärmen – dazu eine der selbstgemachten Torten. Mittags gibt's ein Menü mit vegetarischen Optionen. *Irarrázabal 119 | Chonchi | Tel. 6 52 67 12 42 | €*

SHOPPEN

Wenn du keine wetterfeste Kleidung eingepackt hast, dann kannst du dich auf Chiloé mit Pullovern, Mützen und Handschuhen aus Wolle eindecken. Die Chiloten sind berühmt für ihre handgeflochtenen Körbe und Handwerkskunst aus Holz. In den größeren Städtchen gibt es meist eine *Feria Artesanal*, z.B. in Castro *(Eusebio Lillo 130)*. Aber Augen auf: Manche Verkäufer bieten auch Ramsch an; wenn Produkte handgearbeitet sind, kann man es ihnen ansehen!

INSIDER-TIPP
Korbkunst

PATAGONIEN

GLETSCHER, BERGE UND EINSAME FJORDE

Patagonien, wie der Südzipfel des Kontinents heißt, lässt die Herzen von Abenteurern höher schlagen: immense, menschenleere Weiten, wilde Landschaften und viel Wind.

Der Legende nach prägte Fernando Magellan den Namen Patagonia, als er 1520 die Durchfahrt vom Atlantik zum Pazifik entdeckte. Die hoch gewachsenen Ureinwohner, die Tehuelche, hätten Magellan an den Riesen Pathagon aus einem Ritterroman jener Zeit erinnert. Die südlich der Seepassage gelegenen Gestade hielt man für die

Grandioses Panorama: Nationalpark Torres del Paine

Küste des sagenhaften Kontinents Terra Australis. Magellan taufte das Gebiet nach den Rauchsäulen der Ureinwohner *Tierra de los Fuegos* – Feuerland. Als europäische Einwanderer im 19. Jh. die Steppen für die Schafzucht entdeckten und zudem Gold fanden, war es um die halbnomadischen Stämme, die hier lebten, geschehen: Binnen weniger Jahrzehnte wurden die Tehuelche, Ona, Yagan und Alakaluf praktisch ausgerottet; nur wenige überlebten die Verfolgung und die eingeschleppten Krankheiten.

PATAGONIEN

MARCO POLO HIGHLIGHTS

★ **CARRETERA AUSTRAL**
Auf abenteuerlichen Pisten gen Süden ➤ S. 105

★ **LAGO GENERAL CARRERA**
Abenteuer der besonderen Art: Einmal um Chiles größten und tiefsten See herum ➤ S. 106

★ **PARQUE NACIONAL TORRES DEL PAINE**
Chiles schönster Naturpark ➤ S. 106

★ **PUNTA ARENAS**
Prunkpaläste der Schafbarone ➤ S. 108

★ **ISLA MAGDALENA**
Zu Besuch bei Pinguinen ➤ S. 1106

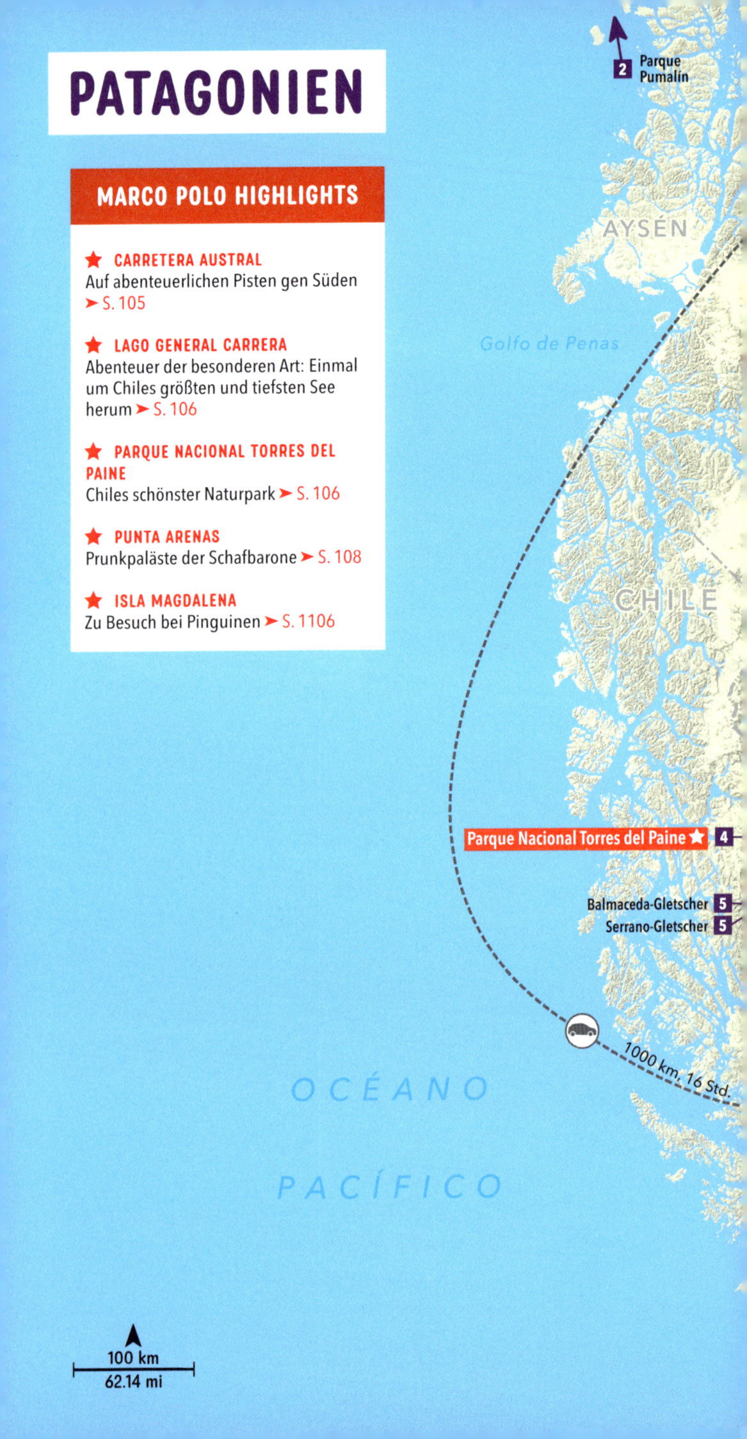

1 Carretera Austral
Coyhaique
S. 104
Blanco
40
Sarmiento
26
Comodoro Rivadavia
3 Lago General Carrera
Chile Chico
Las Heras
Caleta Olivia
Pico Truncado
Cochrane
3
Puerto Deseado
ARGENTINA
40
27
3
El Calafate
OCÉANO
ATLÁNTICO
40
5
Veintiocho de Noviembre
Río Gallegos
Puerto Natales
S. 106
40
250 km,
3 ½ Std.
Isla Magdalena
Pinguinkolonien 7
Reserva Nacional Magallanes 6
Punta Arenas
Porvenir
S. 108
8 Walbeobachtung
50 km,
3 Std.
Río Grande
Feuerland
3
S. 111
Tolhuin
MAGALLANES Y ANTÁRTICA CHILENA
Ushuaia

Fahrtechnisch ist die Carretera Austral eine Herausforderung, landschaftlich ein Erlebnis

Der sogenannte Große Süden umfasst nicht nur Feuerland und die Magellanstraße; er beginnt bereits dort, wo der Asphalt aufhört und die *Carretera Austral* ihren Anfang nimmt, südlich von Puerto Montt. Mittlerweile führt die „Südstraße" bis ins 1200 km südlich gelegene Villa O'Higgins, wo die Barriere des Patagonischen Eisfeldes den Landweg weiter nach Süden versperrt. Nur auf dem Umweg über Argentinien, per Schiff oder per Flugzeug gelangt man in Chiles südlichste Region Magallanes mit den Naturwundern der *Torres del Paine* und Feuerlands.

COYHAIQUE

(🕮 C22) **Die einzige nennenswerte Stadt an der Carretera Austral wurde erst 1929 gegründet und zählt heute rund 50 000 Einwohner.**

Abgesehen von der einzigen fünfeckigen Plaza Chiles bietet das friedliche Coyhaique (mehrmals täglich gibt es Flüge von Santiago und Puerto Montt hierher) sonst kaum touristische Attraktionen, wohl aber die nötige Infrastruktur, um von hier aus Nordpatagonien zu erkunden. Im 80 km entfernten Hafen *Puerto Chacabuco* legen die Ausflugsschiffe zu Touren zur berühmten Gletscherlagune *San Rafael* ab.

ESSEN & TRINKEN

DALI

Vom *Calafate Sour* (*Pisco sour* mit Calafatesaft) bis zur pilzgefüllten Lammkeule – in diesem winzigen Restaurant (nur 16 Plätze!) kreiert Meisterkoch Cristián Balboa originelle Gerichte aus patagonischen Ingredienzen; unbedingt reservieren! *So geschl. | Lautaro 82 | Tel. 6 72 24 54 22 |* €€

MAMMA GAUCHA
Pizza auf Patagonisch aus dem Lehmofen, z. B. mit Lammfleisch. *So geschl. | Horn 47 | Tel. 672 21 07 21 | €*

LA TABERNA
Fröhlicher Pub, in dem man das köstliche lokale Hausbier D'olbek probieren kann. *So geschl. | Baquedano 1895 | Tel. 6 72 23 93 85 | €*

RUND UM COYHAIQUE

1 CARRETERA AUSTRAL ★ ⚑
230 km, 4½ Std. mit dem Auto bis Puerto Puyuhuapi
Die „Südstraße" (Ruta 7) wurde ab den 1980er-Jahren in die Unwegsamkeit getrieben und erschloss weite Teile Nordpatagoniens, die bis dahin nicht oder nur per Schiff zugänglich waren. Auf den ca. 500 km von Coyhaique nordwärts bis zum Parque Pumalín fährt man durch Dschungel, vorbei an nebelverhangenen Fjorden, türkis schimmernden Seen und hängenden Gletschern. Dazwischen liegen einsame Siedlungen. Miete dir einen Wagen und lass dir viel Zeit: Der Weg ist das Ziel. Halt machen kannst du in dem 1935 von Deutschen gegründeten *Puerto Puyuhuapi*. In der Nähe liegt am Ufer eines Pazifikarms das malerischste Thermalhotel Chiles, das *Termas de Puyuhuapi (Tel. 2 22 25 64 89 | termasdepuyuhuapi.cl)*, dessen Anlagen nur per Boot zu erreichen sind und auch Tagesgästen offenstehen. *C20–22*

SIDER-TIPP
Baden mit Aussicht

2 PARQUE PUMALÍN
400 km, 7 Std. mit dem Auto
Nahe dem Städtchen Chaitén erstreckt sich dieser einzigartige private Naturpark; er umfasst 360 000 ha dicht bewaldeter Berglandschaften, Fjorde und versteckter Naturthermen. Rund um die Fährstation *Caleta Gonzalo* gruppieren sich ein Besucherzentrum mit Restaurant, Campingplatz und Bungalows *(parquepumalin.cl)*. Ein Urwaldpfad führt zu einem Wasserfall. Entlang der Straße nach Chaitén locken weitere Zeltplätze, Wanderwege zu tausendjährigen Alercebäumen und der Aufstieg zum Kraterrand des Vulkans *Chaitén*. Seit den 1990er-Jahren schützte der US-amerikanische Millionär Douglas Tompkins diese Wildnis und ließ sich sogar hier nieder. Trotz teilweise wütender Angriffe seiner Gegner schuf der 2015 tödlich verunglückte „grüne Gringo" mit dem *Parque Pumalín* ein Modell für sanften Tourismus. Mit Ökoplantagen, Gewächshäusern und touristischen Dienstleistungen ist Pumalín zum größten Arbeitgeber der Region geworden.
In Chaitén kann man nicht nur die Vorräte auffüllen, sondern auch die Zerstörungen besichtigen, die der gleichnamige Vulkan bei seinem Ausbruch 2008 angerichtet hat, als sich eine Lawine aus Asche, Schlamm und Steinen durch die Stadt wälzte. Die z.T. mit Asche gefüllten Häuser sind ein Zeugnis der Kräfte der Natur. *C19–20*

3 LAGO GENERAL CARRERA ★

220 km, 4½ Std. mit dem Auto bis Puerto Tranquilo

Südlich von Coyhaique erstreckt sich der größte See Chiles (2240 km²) und der mit 590 m tiefste Südamerikas: der *Lago General Carrera*, dessen argentinischer Teil *Lago Buenos Aires* heißt. Blaugrün schimmernd und vielarmig verzweigt, liegt er vor der majestätischen Gipfelkulisse des Patagonischen Inlandeises. Die Carretera Austral führt zunächst an seinem Westufer entlang, vorbei an den märchenhaften Marmorhöhlen bei *Puerto Tranquilo* und mehreren Fishing-Lodges. Während die Carretera ihrem Namen gemäß weiter nach Süden strebt, gelangt man auf einer kurven- und ausblickreichen Stichstraße am Südufer des Sees entlang in den Flecken *Chile Chico*. Von hier verkehrt eine Autofähre nach *Puerto Ibáñez* am Nordufer und ermöglicht damit eine Rundreise – von 550 km! – ab Coyhaique. *🕮 C–D22*

PUERTO NATALES

(🕮 C26) **Die beschauliche Kleinstadt (25 000 Ew.) ist Verwaltungssitz der Provinz Ultima Esperanza („Letzte Hoffnung"), und sie macht diesem Titel durchaus Ehre.**

Puerto Natales wurde erst Ende des 19. Jhs. von deutschen Schafzüchtern gegründet – den leicht verschlafenen Charakter einer Provinzstadt hat der Ort bis heute nicht abgelegt. Patagonische Wellblechbauten stehen neben norddeutschen Klinkerhäusern und modernen Hotels. Puerto Natales ist zentrale Anlaufstelle und Ausgangspunkt für Touren in den *Nationalpark Torres del Paine* und in die umliegende spektakuläre Fjordlandschaft.

ESSEN & TRINKEN

AFRIGONIA

Sambischer Koch meets chilenische Wirtin – und fertig ist die ungewöhnliche kulinarische Fusion aus Afrika und Patagonien, die man hier kosten kann: vorzüglich! *Magallanes 247 | Tel. 61 241 28 77 | €€€*

RUND UM PUERTO NATALES

4 PARQUE NACIONAL TORRES DEL PAINE ★

130 km, 2 Std. mit dem Auto

Nördlich von Puerto Natales liegt eines der attraktivsten Reiseziele des ganzen Landes. Der *Nationalpark Torres del Paine,* von der Unesco zum Biosphärenreservat erklärt, zählt zu den wunderbarsten Berglandschaften der Erde. In seinem Zentrum ragen die Felsnadeln (*torres* = Türme) des Massivs abrupt aus der Steppe auf. Im Norden begrenzt das *Patagonische Eisfeld* das Gebirge, im Süden eine

Faszinierende Eiswand: Grey-Gletscher im Nationalpark Torres del Paine

Perlenkette von Gletscherseen und im Westen der gigantische *Grey-Gletscher*. Das granitene Paine-Massiv ist wegen seiner Steilwände eine Herausforderung für Bergsteiger. Der Zugang zu dieser Märchenwelt aus Eis, Fels und Wald erfolgt über Schotterpisten von Natales aus per Mietwagen oder Linienbus.

Schon bei einer Tagestour bekommt man einen Eindruck von den tosenden Wildwassern, leuchtenden Gletscherseen und stillen Bergriesen. Die schönsten Ecken erschließen sich per pedes: etwa auf der sogenannten W-Wanderung (wegen der w-förmigen Wegeführung, 3–4 Tage) oder dem kompletten Rundweg um das Massiv (7–10 Tage). Wenn du auf dem Zeltplatz in der Nähe des Paine-Massivs übernachtest und noch vor der Morgendämmerung zu den Felstürmen wanderst, wirst du einen der schönsten Sonnenaufgänge deines Lebens sehen. 2011 verbrannten im Park 13 000 ha Naturwald und Steppe durch die Fahrlässigkeit eines Touristen; die Spur des Feuers wird noch lange zu sehen sein. Du kannst die Wiederaufforstung unterstützen mit einer Baumspende (*reforeste mos.cl)*. Touren organisieren die Reisebüros in Puerto Natales und Punta Arenas. Für Wanderer stehen zur Übernachtung Campingplätze und Hütten bereit. *C25–26*

INSIDER-TIPP
Die Sonne begrüßen

5 BALMACEDA- & SERRANO-GLETSCHER

Buchung über jede Agentur, Tagestour ca. 100 Euro (inkl. Mittagessen)

Ein Bootstrip ab Puerto Natales entführt in die Welt der Fjorde und Kanäle. Nebelwälder bedecken die Ufer, Kormorane nisten an den Wänden, Seelöwen räkeln sich auf Felsen. Vom Südlichen Patagonischen Eis stoßen die Gletscher Balmaceda und Serrano herab in den Pazifikarm. Hier kannst du die Folgen des Klimawandels mit eigenen Augen sehen – der Großteil der Gletscher schmilzt in rasanter Geschwindigkeit. Es treiben so viele abgebrochene Eisbrocken im Wasser herum, dass die Guides den Touristen Whisky mit Gletschereis servieren. Wer will, kann in Schlauchboote umsteigen und flussaufwärts auf dem Río Serrano in den Nationalpark Torres del Paine fahren. *C26*

INSIDER-TIPP
Whiskey on the rocks mit Gletschereis

PUNTA ARENAS

(D27) **Schafe und Fische haben der Hafenstadt ★ Punta Arenas (130 000 Ew.) an der Magellanstraße Reichtum gebracht. Ihre politische Bedeutung errang die Stadt aus dem Wettstreit mit Argentinien, die Südspitze des Kontinents zu besetzen, und als Bunkerstation in der Zeit vor der Existenz des Panama-Kanals.**

Monument für die Seefahrtspioniere der Magellanstraße in Punta Arenas

Den herben Charme eines Vorpostens der Zivilisation am Ende der Welt hat die Stadt bis heute nicht abgelegt. Ab Mitte des 19. Jhs. zogen Immigranten aus Europa in die aufblühende Stadt, deren Hinterland von Schaffarmern belegt wurde. Einige Paläste künden noch vom alten Glanz, besonders jene der Dynastie des Wollbarons José Menéndez, des „Königs von Feuerland". Punta Arenas ist Ausgangspunkt für Exkursionen in die Inselwelt Feuerlands und zum Kap Hoorn.

SIGHTSEEING

Rund um die zentrale *Plaza de Armas* liegen die Stadtpaläste der Schafbarone. Der interessanteste Weg zum Hafen führt über die Uferpromenade *Costanera*. Wer auf dem Rückweg über die Straßen Roca und Fagnano zum *Cerro de la Cruz* aufsteigt, wird mit einem tollen Blick über die Stadt, die Magellan-Straße und die Nordküste Feuerlands belohnt.

INSIDER-TIPP **Mit Weitblick**

NAO VICTORIA

Das einzige der fünf Schiffe Magellans, das 1522 nach dreijähriger Reise die erste Weltumsegelung vollendete, war die „Victoria" – ohne Magellan, der auf den Philippinen starb. Seit 2011 kann man am Ufer der nach ihm benannten Meeresstraße eine originalgroße Replik des Dreimasters besichtigen – mit allem Drum und Dran, sogar die Seeleute sind als lebensgroße Puppen präsent. *Tgl. 9–19 Uhr | km 7,5 an der Straße Richtung Flughafen | 1 Std.*

PALACIO BRAUN-MENÉNDEZ

In dem prächtigen Stadtpalast vermittelt die erlesene, aus unterschiedlichen Ländern Europas importierte Inneneinrichtung eine blasse Ahnung davon, wie fürstlich-luxuriös die patagonische High Society einst lebte. *Mi–Mo 10.30–14 Uhr | Magallanes 949 | 1 Std.*

ESSEN & TRINKEN

LA CUISINE

Französisch-patagonische Fusion vom Feinsten. *So geschl. | O'Higgins 1037 | Tel. 61 2 22 86 41 | €€*

LA MARMITA

Nett eingerichtetes, von Reisenden hoch gelobtes Lokal mit patagonischen Köstlichkeiten und vegetarischen Gerichten; mehrsprachige Bedienung. *So geschl. | Plaza Sampaio 678 | Tel. 61 2 22 20 56 | €€*

TAPIZ

Das sympathische Tagescafé ist der richtige Ort für den Snack zwischendurch: frischgepresste Säfte, heiße Schokolade, Sandwiches und Käsekuchen. *So geschl. | Roca 912 | Tel. 9 65 65 52 94 | €*

SPORT & SPASS

KAJAK FAHREN

In der Magellanstraße mit Delfinen und Pinguinen um die Wette paddeln – die Agentur *Kajak Bahía Fresca* macht's möglich. *Tour von 4 Std. ab Punta Arenas ca. 85 Euro | kayakaguafresca.com*

RUND UM PUNTA ARENAS

6 RESERVA NACIONAL MAGALLANES

7 km, 12 Min. mit dem Auto

Wenn du wenig Zeit hast oder nicht so weit fahren willst, um in die patagonische Natur einzutauchen, dann ist dieses Reservat der richtige Ausflugsort. Der Naturwald erinnert an einen verzauberten Märchenwald, in dem auch ungeübte Wanderer die Entschleunigung Patagoniens erfahren können. Von Punta Arenas aus kannst du mit dem Taxi zum Parkeingang fahren. *Eintritt 5000 Pesos | Av. Bulnes 0309 | Tel. 612 23 85 54 |* *D27*

7 PINGUINKOLONIEN

50 km, 45 Min. mit dem Auto bis Seno Otway

In der Nähe von Punta Arenas lassen sich Magellanpinguine gut beobachten. Auf dem Landweg erreicht man die Kolonie am *Seno Otway*, einer weiten Pazifikbucht, an der die bis zu 70 cm großen Vögel in Erdhöhlen nisten. Markierte Pfade führen durch Teile des Brutgebiets, die Tiere sind an die Nähe kameraschwingender Zweibeiner gewöhnt. Noch eindrucksvoller ist die Kolonie auf der kahlen ★ *Isla Magdalena* in der Magellanstraße, wo bis zu 250 000 Pinguine leben (Tagestour per Schiff). *D27*

8 WALBEOBACHTUNG

Dreitägige Schiffstour, 1500 US$

Rund um die *Isla Carlos III* im Nordwestarm der Magellanstraße werden

ANS ENDE DER WELT

Patagonien lässt sich auch wunderbar vom Wasser aus erkunden. Schiffe unterschiedlicher Kategorie fahren auf unterschiedlichen Routen durch nebelverhangene Kanäle, zu imposanten Gletschern und zum mythischen Kap Hoorn.

Kanaltour: Jeden Freitag fährt ein Schiff von Puerto Montt nach Puerto Natales *(3 Tage | Fr zurück | 350–2100 US$ je nach Komfort und Saison | navimag.com)*. Dreimal im Monat gibt es eine Verbindung zwischen Puerto Yungay bzw. Tortel an der Carretera Austral und Puerto Natales *(41 Std. | 180 US$ | tabsa.cl)*.

Laguna San Rafael: Der San-Rafael-Gletscher und die im Fjord schwimmenden Eisberge sind die Highlights dieser sechstägigen Kreuzfahrt ab Puerto Montt mit der „Skorpios II" *(ab 1400 US$ | skorpios.cl)*.

Feuerland/Kap Hoorn: Auf einem Abenteuerkreuzer (mit Landgängen) kann man die imposanten Gletscher, Wälder und Pinguinkolonien Feuerlands erleben. Ausgangspunkte sind Punta Arenas (Chile) oder Ushuaia (Argentinien), Höhepunkt ist der Besuch von Kap Hoorn, der Südspitze Amerikas *(3–4 Tage | 1189–4054 US$ | australis.com)*.

regelmäßig Buckelwale gesichtet. Der Anblick dieser bis zu 16 m langen und 30 t schweren Giganten lohnt die beschwerliche Schiffs- und Schlauchboottour durch die regenreichen Pazifikfjorde. *whalesound.com* | *C–D27*

FEUERLAND

(D–F 27–28) **Schneegekrönte Berggipfel und knorrige Bäume spiegeln sich im klaren Wasser. Dampfschiffenten und Seegrasgänse paddeln schnatternd davon. Der Geruch von Tang und Seesalz, Torf und Erde steigt in die Nase. Sich auf dem weichen Moosteppich ausstrecken, in die Sonne blinzeln, die Märchenlandschaft betrachten …**

So einladend mag Feuerland bei Sonnenschein sein – doch das ist nicht die Regel. Meist stürmen kalte Winde über die Fjorde und Berge, und die knorrigen Südbuchen kauern sich kaum 1 m hoch in die Senken. Feuerland sei der Eingang zum Hades, berichteten die ersten Seefahrer schaudernd von diesem Stück Erde. Heute stellt sich das weniger dramatisch dar. Man braucht nur von Punta Arenas mit der Autofähre über die Magellanstraße nach Porvenir (4500 Ew.), ein nüchternes Steppenstädtchen, überzusetzen *(tgl. 9 Uhr | 2,5 Std.)*. Ein Tagesausflug nach Camerón und zum *Lago Blanco (E27–28)* an der bewaldeten Nordflanke der Darwin-Kordillere gibt einen guten Überblick über die Geografie. Der Lago Blanco ist ein Paradies der Biber und Wildenten.

Magellanpinguin in Fotopose

Puerto Williams (E–F28), Chiles äußerster Vorposten (5000 Ew.) auf der zum Feuerland-Archipel gehörenden *Isla Navarino*, ist nur sehr aufwendig auf dem Luft- oder Seeweg zu erreichen. In der südlichsten ständig bewohnten Siedlung der Welt leben die letzten Nachfahren der Yagane, von deren Lebensweise das *Museo Martín Gusinde (unregelmäßig geöffnet)* erzählt. Botanikfreunde sollten dem *Parque Etnobotánico Omora (omora.org)* einen Besuch abstatten. Und die südlichste Kneipe der Welt wurde – man glaubt es kaum – in Deutschland gebaut! Ein ehemaliger Rheindampfer diente als Versorgungsschiff für Puerto Williams, bevor er zur Yachthafenbar *Micalvi* umfunktioniert wurde.

INSIDER-TIPP
Eine Bar auf dem Wasser

ERLEBNIS TOUREN

Lust, die Besonderheiten der Region zu entdecken? Dann sind die Erlebnistouren genau das Richtige für dich! Ganz einfach wird es mit der MARCO POLO Touren-App: Die Tour über den QR-Code aufs Smartphone laden – und auch offline die perfekte Orientierung haben.

1 DIE GROSSE WÜSTENTOUR

- Road-Trip durch die Wüste – Abenteuer garantiert
- Beim Sonnenuntergang Flamingos beobachten
- Ins größte Loch der Welt steigen: die Kupfermine Chuquicamata

Calama

Calama

1440 km

7 Tage, reine Fahrzeit ca. 30 Stunden

Kosten: ca. 800 Euro für Mietwagen und Benzin, ca. 1500 Euro für Unterkunft und Essen (2 Pers.)
Mitnehmen: warme Kleidung, Badezeug, Sonnenschutz
Achtung: Jan.–März ist im Altiplano mit Unwettern zu rechnen. Dann können Straßenverbindungen beein-

Ausflug auf einen fremden Planeten: das karge Valle de la Luna

> ℹ trächtigt sein. Mietwagen (Jeep oder Pick-up!) und Hotels vorab reservieren.
> Bustour ab Calama zur Kupfermine ⑭ **Chuquicamata** (13 Uhr) nur Mo–Fr und nur nach Voranmeldung: *Tel. 55 32 21 22*

TAG 1

① Calama

95 km

SALZSEEN VOR SCHNEEGIPFELN

Der Flieger aus Santiago landet mitten in der ockerfarbenen Einöde, auf 2600 m Höhe, auf dem Flughafen von ① Calama ➤ S. 49. Dass du hier im Herzen der Atacamawüste bist, spürst du sofort an der staubtrockenen Luft. Am Flughafen mietest du einen geländegängigen Wagen, und los geht's: *Du fährst auf der R-23 durch eine unwirkliche Mondlandschaft*. Der wolkenlose, blaue Himmel wird durch die heißen Gesteinsflächen reflektiert, und du glaubst, auf riesige Seen zuzusteuern: eine Fata Morgana. Bis du tatsächlich den ersten grau-weißen Salzsee erkennst. Die schneebedeckte Andenkette im Osten bildet dazu eine traumhaft unwirkliche Kulisse. *Nach 90 km durchquert die Straße in engen Kurven die verwitterte Salzkordillere;* halte am

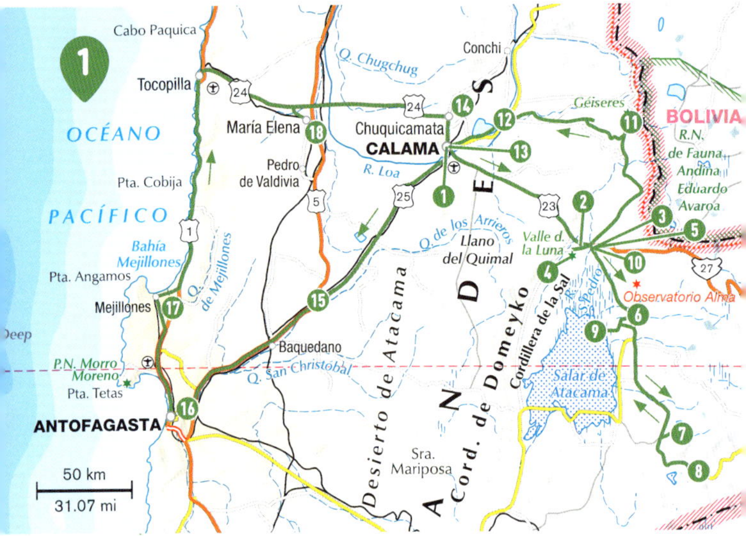

❷ Piedra del Coyote

7 km

❸ San Pedro de Atacama

Aussichtspunkt ❷ Piedra del Coyote und genieß das faszinierende Panorama! Unten siehst du schon die grüne Oase, in die ❸ San Pedro de Atacama ➤ S. 50 eingebettet ist. Die einstige Siedlung der indigenen Lican Antai ist wegen ihrer einzigartigen Lage zum Touristenzentrum des Nordens geworden. Sie ist der perfekte Ausgangspunkt für Ausflüge in die Atacamawüste. In einem der Bungalow-Hotels im Terrakottastil, z. B. im Incahuasi, beziehst du Quartier für drei Nächte.

WILLKOMMEN AUF DEM MOND

TAG 2

21 km

❹ Valle de la Luna

11 km

❺ San Pedro de Atacama

Den Tag solltest du nutzen, um den Ort und die nähere Umgebung zu erkunden und dich für die Ausflüge in höhere Gefilde zu akklimatisieren. Die Kirche aus Kakteenholz, das archäologische Museum, der Friedhof mit den ausgeblichenen Papierblumen und die Festung Quitor sind zu Fuß erreichbar. Am Nachmittag steht dann das ❹ Valle de la Luna ➤ S. 53, das Mondtal, mit seinen skurrilen Salzformationen und Sanddünen auf dem Programm – Sonnenuntergang inklusive. Abends bist du wieder in ❺ San Pedro de Atacama. Nach dem Abendessen am Lagerfeuer genießt du in der Hängematte den Sternenhimmel.

Nimm Proviant und ausreichend Sonnencreme mit für einen langen Tag! *Auf der R-23 geht es Richtung Südosten.* Zur Rechten erstreckt sich die gleißende Fläche des **Salar de Atacama**, zur Linken reihen sich die Fünf- und Sechstausender. Einen Halt lohnt das Wüstendorf **6 Toconao**; mit etwas Glück kannst du einer Bewohnerin vor ihrer Adobe-Hütte beim Weben zuschauen. *Dann schraubt sich die Straße hinauf auf über 4000 m,* zu einem im Wortsinn atemberaubenden Panorama: In den von Salzkrusten gesäumten **7 Lagunen Miscanti und Meñiques** ➤ S. 53 spiegeln sich die gleichnamigen Vulkane. Ca. 40 km weiter folgt ein ebenso beeindruckendes Fotomotiv: die **8 Piedras Rojas**, tiefrote Gesteinsformationen am Ufer des **Salar de Talar**. Auf dem Rückweg ist dann ein Abstecher zur **9 Laguna Chaxa** im Zentrum des **Salar de Atacama** obligatorisch – hier lassen sich gut Flamingos beobachten. Am schönsten ist die Atmosphäre in der Abenddämmerung, wenn die Lagune in ein rosafarbenes Licht getaucht wird und die Flamingos sich im Wasser spiegeln – das perfekte Foto! Zurück in **10 San Pedro de Atacama**, hast du dir ein entspannendes Bad verdient: *28 km auf der B-245 entfernt* sprudeln in einem grünen Tal mitten in der Wüste heiße Quellen, die **Termas de Puritama**. Bei einem Dinner im **Baltinache** ➤ S. 52 kommst du wieder zu Kräften.

TAG 3

73 km

6 Toconao

85 km

7 Lagunen Miscanti und Meñiques

41 km

8 Piedras Rojas

122 km

9 Laguna Chaxa

62 km

10 San Pedro de Atacama

Überraschung in der Wüste: die Thermalquellen Termas de Puritama

TAG 4

150 km

⑪ Tatio-Geysire

110 km

⑫ Chiu Chiu

33 km

⑬ Calama

Heute fährst du drei Stunden vor Sonnenaufgang los (mit deinem Gepäck!), um rechtzeitig bei den ⑪ **Tatio-Geysiren** ➤ S. 53 einzutreffen. Nur in der Morgensonne schicken die Geysire auf 4300 m Höhe ihre Dampffontänen in die eiskalte Morgenluft – ein Spektakel! *Über das einsame Altiplano (Hochebene) geht es weiter in die pittoreske Flussoase Caspana,* wo die indigenen Bewohner vom Terrassenfeldbau und der Lamazucht leben. *Dann führt die Straße wieder hinunter,* vorbei an tollen Canyons und dem verblüffenden Wüstensee Inka-Coya ins Dorf ⑫ **Chiu Chiu** mit einer der berühmtesten Kirchen Nordchiles, und schließlich nach ⑬ **Calama**, wo du im **Hilton Doubletree** *(hiltonhotels.com)* am besten aufgehoben bist (zwei Nächte).

TAG 5-6

20 km

⑭ Chuquicamata

140 km

⑮ Chacabuco

103 km

⑯ Antofagasta

61 km

⑰ Mejillones

Krasser Themenwechsel: Um 13 Uhr beginnt in Calama die Bustour, um den größten Tagebau der Welt zu besichtigen: die Kupfermine ⑭ **Chuquicamata** ➤ S. 50. Das riesige Loch ist bereits an seine Grenzen gestoßen; derzeit wird die Mine unterirdisch weitergebaut. *Von Calama kommst du am nächsten Tag auf der R-25 schnell voran, vorbei an verlassenen Salpeterminen. Du erreichst die Panamericana und fährst noch 1 km nach Norden zur Salpetermine* ⑮ **Chacabuco** ➤ S. 57, einer Geisterstadt in der Wüste. *Bei* ⑯ **Antofagasta** ➤ S. 54 *erreichst du den Pazifik;* hier lohnt ein Bummel durch die Altstadt am Hafen. Die letzte Tagesstation ist ⑰ **Mejillones**, eine Mischung aus Strandbad und Erzhafen. Ein Foto von **La Portada**, dem Felsentor im Meer, muss sein. Bei einer Bootsfahrt kannst du Delfine und Meeresschildkröten beobachten. Im **Hotel Alto del Sol Plaza** *(80 Zi. | Pasaje Almirante Goñi 238 | Tel. 5 22 52 65 97 | hotelaltodelsol.cl | €€)* genießt du den Blick aufs Meer.

TAG 7

200 km

⑱ María Elena

Das Meer begleitet dich weiterhin auf der Küstenstraße R-1, vorbei an einsamen Felsenstränden und Fischerdörfern. *In der Hafenstadt Tocopilla biegst du landeinwärts ab auf die R-24, welche die Küstenkordillere überwindet. Ein Schlenker führt nach* ⑱ **María Elena**, einer „Company-Town" mit der letzten noch in Betrieb befindlichen Salpeterraffinerie. Im Ort gibt's eine Kirche, simple Kantinen sowie ein winziges, aber eindrucksvolles **Museum** *(tgl. 10–13, 15–21 Uhr)* rund ums Thema Salpeter. *Zurück auf der R-24, geht's auf einer wie mit dem Lineal durch die Wüste gezogenen, sanft ansteigenden Straße nach Chuquicamata und wieder zurück nach* ❶ **Calama**.

110 km

❶ Calama

❷ ENLADRILLADO-TRAIL: WANDERN ZUM UFO-LANDEPLATZ

- **Über eine vermeintliche UFO-Landebahn wandern**
- **Die Aussicht auf Vulkane genießen**
- **In Naturbecken im Fluss baden**

Start: Vilches
Ziel: Vilches
Strecke: 33 km
Dauer: 2 Tage, reine Gehzeit ca. 11 Stunden
Schwierigkeit: leicht
Höhenmeter: 1300 m

Kosten: Bus von Talca 6 Euro hin und zurück, Eintritt Naturreservat Altos de Lircay 7 Euro, plus Verpflegung
Mitnehmen: wetterfeste Kleidung, Sonnenschutz, Wanderausrüstung, Zelt, Schlafsack, Verpflegung, Wasser
Beste Wanderzeit: Nov.–April
Für diese Bergtour kannst du auch einen Führer und/oder Packpferd heuern. Kontakt: Frank Holl *(costaycumbretours.cl)* oder über *trekkingchile.com;* dort gibt's auch die Wanderkarte „Condor Circuit".

DURCH BUCHENWÄLDER BERGAUF

In der Feriensiedlung ❶ **Vilches** beginnt das Naturreservat **Altos de Lircay**. Nahe der Bushaltestelle ist an Kiosks die letzte Gelegenheit, Vorräte einzukaufen, dann wanderst du los, *zunächst weiter die Schotterstraße entlang. Wer mit dem Wagen da ist, kann noch bis zum* ❷ **Gebäude der Parkwächter** fahren und spart ca. 1,5 km Fußmarsch. Hier musst du anmelden, ob und

TAG 1
❶ Vilches
2 km
❷ Gebäude der Parkwächter
7,3 km

❸ Camp

3 km

❹ Aussichtspunkt

3 km

❺ Camp

TAG 2

3 km

❻ Enladrillado

wo du zelten möchtest, sowie den Eintritt bezahlen. *Nach weiteren 1,4 km auf der Piste bieg rechts auf das Teilstück des Fernwanderwegs „Sendero de Chile" ein,* der durch einen schönen alten Südbuchenwald führt, mit riesigen, immergrünen Coihues und weißstämmigen Robles. Es geht sanft bergauf, im Schatten lässt es sich gut wandern. Nach 9,5 km (ca. 3 Std.) erreichst du die Stelle, an der du heute dein ❸ **Camp** errichtest, ein lauschiges Plätzchen am Oberlauf des Río Lircay, der hier schöne Badebecken geformt hat. Hier, auf 1690 m Höhe, gibt es Picknicktische, Wasser und Toiletten. Lass das Gepäck im Zelt und geh nochmal 3 km (1 Std.) durch das licht bewachsene **Valle del Venado** zum gleichnamigen ❹ **Aussichtspunkt** über der Claro-Schlucht, mit Blick auf die Hochanden. Zurück im ❺ **Camp**, genießt du den klaren Südsternhimmel.

MYSTISCHES PLATEAU MIT ABBRUCHKANTE

Vom Camp windet sich ein teilweise steiniger Pfad in südlicher Richtung in Serpentinen nach oben (weiß-gelbe Markierungen). Der Wald wird lichter, bald ist die Baumgrenze erreicht. Ein felsiger Hasenkopf *(Piedra La Coneja)* weist den Weg, ein Kondorpärchen kreist über euren Köpfen. Ein letzter schweißtreibender Anstieg, und nach gut 1,5 Stunden ist der ❻ **Enladrillado** (2185 m) erreicht: eine weitläufige, von riesigen Fels-

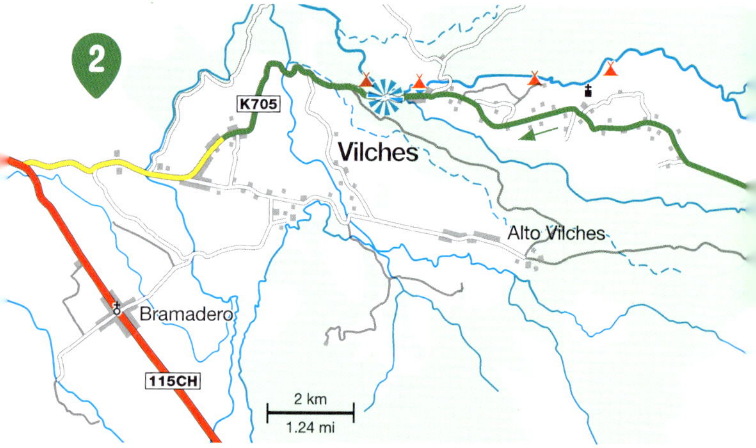

Auch kleine Echsen sind im Naturpark Altos de Lircay heimisch

platten bedeckte (wörtlich: „geziegelte") Plattform, wie geschaffen als Landebahn für Außerirdische. Jeder *arriero* (Viehtreiber), den du fragst, wird dir Geschichten von UFOs und nächtlichen Lichtspektakeln erzählen ... Das eigentlich Spektakuläre dieses Ortes aber ist die Abbruchkante, hinter der es 1200 m steil ins Claro-Tal hinabgeht. Dahinter grüßen die Vulkane Descabezado Grande (der „Große Geköpfte") und Azul, dazwischen der Krater Quizapu, dessen gewaltiger Ausbruch 1932 in Zentralchile den Tag zur Nacht machte.

1,5 km

⑦ Hochalm

13 km

① Vilches

Nach einer Fotopause *geht es weiter Richtung Südwesten, immer auf einem Höhenrücken mit schöner Sicht entlang.* Auf einer ⑦ **Hochalm** gibt es bis in den Sommer hinein sauberes Trinkwasser – ein schöner Ort fürs Picknick. *Nach etwa einer Stunde zweigt rechts ein Talweg ab, der dich auf einer anderen Route wieder zum Sendero de Chile zurückbringt. Dort biegst du links ein und gehst die bekannte Strecke zurück zum Ausgangspunkt in* ① **Vilches**. Zum Abschluss solltest du dir zur Erholung mindestens einen Abend und eine Nacht im ländlichen Gästehaus **La Maravilla** *(20 km von Vilches Alto, Haltestelle Los Montes | Tel. 9 66 36 77 75 | hostallamaravilla.com | €)* gönnen. Die Zimmer sind anmutig dekoriert, das Schwimmbad verspricht Abkühlung, und die deutsche Gastgeberin Marion kocht göttlich!

③ MIT DEM FAHRRAD UM DEN LLANQUIHUESEE

- **Fahrradtour mit Vulkanblick**
- **Füße in den Sand und dann im See baden**
- **Am Wasserfall im Urwald erfrischen**

Start: Puerto Varas

Ziel: Puerto Varas

Strecke: 175 km

Dauer: 3 Tage, reine Fahrzeit ca. 13 Stunden

Kosten: Fahrradmiete 16 Euro/Tag, ca. 330 Euro für Unterkunft und Verpflegung (2 Pers.)

Auf etwa der Hälfte der Runde gibt es einen Radweg, auf der restlichen Strecke musst du dir die Landstraße mit den Autos teilen: Fahr defensiv! Eine gute Karte gibt's unter *maps.trekkingchile.com*.

Radverleih in ① **Puerto Varas**: *Puelo Adventure (Vicente Pérez Rosales | Tel. 65 2 23 29 21 | pueloadventure.cl).*

DEN SEE IMMER IM BLICK

Ausgangspunkt der Tour ist der Radverleih **Puelo Adventure** am Ostende der Uferstraße von ① **Puerto Varas**. Hier verstaust du dein Gepäck in Satteltaschen und kannst auch Sachen einlagern, die du nicht benötigst. Und nun auf in den Sattel und den Lenker Richtung Ensenada! *Kurz hinter dem Ortsausgang beginnt der neue Fahrradweg parallel zur R-225.* Die Route führt zunächst in sanften Schwüngen durch die typische Weidelandschaft des Südens, meist in Sichtweite des Sees. Bei km 7 lockt bereits die erste Versuchung: der originelle Brauerei-Pub ② **Malta Chocolate**. Für das erstklassige Hausbräu ist es noch zu früh, aber eines der guten Sandwiches geht immer! *Bei km 18 überquerst du den Río Pescado.* Er entspringt am Vulkan Calbuco, der zuletzt 2015 ausbrach und die ganze Gegend mit einer dicken Aschedecke überzog. Vor und hinter der Brücke gibt es weitere Mittagslokale, gleich darauf locken die ersten ③ **Sandstrände** direkt neben der Straße. Pause – und ab ins Wasser! Von nun an dominiert der Vulkan Osorno das Panorama. Vom Steilufer aus eröffnen sich Postkartenmotive mit der bis zu 350 m tiefen Ensenada-Bucht vor dem perfekten Vulkankegel mit der Schneekappe. Bald ist die Feriensiedlung ④ **Ensenada** erreicht (km 42, ca. 3 Std. Fahrt), hier kannst du im netten B&B **Hamilton's Place** *(hamiltonsplace.com | €)* absteigen.

Die zweite Etappe führt auf der U-99 nordwärts in Richtung Las Cascadas. 600 m nach dem Abzweig lohnt der kurze Spaziergang zu dem verschwiegenen Waldsee ⑤ **Laguna Verde**. *Nun geht es am steilen Ostufer des Sees entlang,* mit schweißtreibendem Auf und Ab vorwiegend durch Naturwald. Nach 20 km endet der Fahrradweg im Dorf ⑥ **Las Cascadas**. Hier solltest du dir den namensgebenden Wasserfall in einem Urwald-Canyon nicht entgehen lassen: ab Ortsmitte (ausgeschildert) sind es ca. 2 km mit dem Rad und 1 km zu Fuß zu dem 30 m hohen kraftvollen Katarakt. Im Ort kannst du dich in einfachen Lokalen stärken, und ein Strand für die Siesta findet sich auch.

INSIDER-TIPP
Naturdusche im Urwald

TAG 1
- ① Puerto Varas
- 8,7 km
- ② Malta Chocolate
- 14 km
- ③ Sandstrände
- 22 km
- ④ Ensenada

TAG 2
- 3 km
- ⑤ Laguna Verde
- 20 km
- ⑥ Las Cascadas

41,5 km

Bei km 34 (14 ab Las Cascadas) biegst du von der Asphaltstraße links in die Schotterstraße U-925 Richtung Puerto Fonck, um in Seenähe zu bleiben. Ein paar Kapellen und versteckte Strände weiter *erreichst du die Straße U-55 kurz vor Puerto Octay, halte dich links und komm nach 1 km* zum freundlichen Gästehaus **7 Zapato Amarillo** *(Tel. 6 42 21 07 87 | zapatoamarillo.cl | €).* Tagesleistung: 57 km, ca. 4 Stunden Fahrzeit.

7 Zapato Amarillo

TAG 3

3 km

8 Octay

7 km

9 Espantapájaros

3 km sind es vom Zapato Amarillo nach **8 Octay**, wo du kurz hältst, um einen Blick auf den historischen Ortskern zu werfen. *Von hier geht es weiter auf der U-55 in südwestlicher Richtung.* Ein steiler Anstieg am Ortsausgang wird mit einem tollen Blick über die Halbinsel Centinela auf den Vulkan Osorno belohnt. Bei km 9 ist Zeit für einen Imbiss in dem urigen Landgasthof **9 Espantapájaros** *(„Vogelscheuche" | espantapajaros.*

cl | *€€)* mit deutschem Grill- und Kuchenbüfett. *Bei km 11 biegst du links ab auf die Erdpiste V-155 Richtung Los Bajos und erreichst wieder das Seeufer.* Vorbei an Rinderherden und Kolonistenhöfen radelst du nach ⑩ **Frutillar Bajo** (km 31). Hier fühlt man sich endgültig nach Süddeutschland versetzt: Hotels im Bauernhausstil, Erdbeerkuchen im Café, Spätzle im Restaurant ... Das **Museo Colonial** erzählt die Geschichte der deutschen Einwanderer, die hier Mitte des 19. Jhs. dichten Urwald vorfanden, das schmucke **Teatro del Lago** setzt den modernen Akzent dagegen. Wieder auf dem Rad, *folgst du der asphaltierten Uferstraße V-305, die eine Halbinsel umrundet, zwei Buchten streift* und – vorbei an dem Denkmal „Unsern Ahnen" (km 52) – das Industriestädtchen **Llanquihue** erreicht (km 56). *Um für das letzte Stück die Autobahn (Ruta 5) zu vermeiden, fährst du auf der Uferstraße bis ans südliche Ortsende (km 59) und folgst einem Pfad entlang der alten Bahnlinie. Nach holprigen 6 km ist die Bucht von* ① **Puerto Varas** *erreicht. Der Uferstraße folgend gelangst du wieder zum Ausgangspunkt der Tour.* Tagesleistung: 67 km, ca. 5 Stunden.

23 km

⑩ Frutillar Bajo

35 km

① Puerto Varas

Mildes Licht: Vollmond über dem Llanquihuesee

GUT ZU WISSEN

DIE BASICS FÜR DEINEN URLAUB

ANKOMMEN

ANREISE

Die Flugreise (mind. 16 Std.) ist nicht billig, selbst nicht bei Last-Minute-Angeboten. Aus dem deutschsprachigen Raum fliegt zzt. nur die chilenische LATAM (vormals LAN) ohne Umsteigen nach Chile – von Frankfurt/M. via Madrid nach Santiago. Direktflüge ab Europa gibt's außerdem mit Air France (ab Paris), Alitalia (ab Rom) und Iberia (ab Madrid). Mit Lufthansa (ab Frankfurt/M.) muss man in São Paulo oder Buenos Aires umsteigen.

Wer aus Zürich abfliegt, gelangt mit Swiss nach Santiago (Umsteigen in São Paulo). Wer aus Wien kommt, muss in Frankfurt/M. umsteigen. Eine preiswerte, aber langwierige Variante ist der Umweg über einen Flughafen in Nordamerika: Air Canada, American Airlines und Delta fliegen täglich nach Santiago. Der Mindestpreis für einen Flug von Mitteleuropa nach Chile beträgt ca. 600 Euro.

INSIDER-TIPP Auf ins Abenteuer!

Am günstigsten vom Flughafen weg geht's mit einem Shuttlebus für ca. 2 Euro. *Centropuerto* setzt dich nach 30 Min. Fahrt im Zentrum Santiagos in der Nähe der Metrostation Los Heroés ab, *Turbus* am Busbahnhof (Terminal Alameda) oder an der Haltestelle Pajaritos, von der du

– 4–6 Stunden Zeitverschiebung

Während der deutschen Winterzeit (Ende Okt.–Ende März) liegt Chile 4 Stunden gegenüber der MEZ zurück. In der chilenischen Winterzeit (Anfang April–Anfang Sept.) beträgt der Unterschied 6 Std., in den Phasen dazwischen 5.

Gut gerüstet gegen kalte Winde: Alpakas im Parque Nacional Lauca

mit der Metro weiterkommst oder mit dem Bus zur Küste fahren kannst.

EINREISE & ZOLL

Reisende aus Deutschland, Österreich und der Schweiz erhalten an der Grenze ein dreimonatiges Touristenvisum. Der Durchschlag des Formulars muss bis zur Ausreise aufgehoben werden. Bei Verlust kannst du Ersatz bei der *Policía Internacional* in Santiago *(Eleuterio Ramírez 852)* besorgen oder in jeder Regionalhauptstadt.

500 Zigaretten, 2,5 l Wein oder 1 l Hochprozentiges können zollfrei eingeführt werden. Die chilenischen Behörden beschlagnahmen frisches Obst und Gemüse, Samen, Honig, nicht pasteurisierte Milchprodukte, Wurst und Fleisch. Falls du ein solches Produkt dabeihast, solltest du es auf dem Zettel deklarieren, den du vor der Landung im Flugzeug bekommst, sonst droht eine Strafzahlung.

Adapter Typ L

Netzspannung 220 Volt, 50 Hertz-Wechselstrom. Für normale Stecker (Typ C), wie z.B. vom Handyladekabel, brauchst du keinen Adapter. Für die etwas dickeren Stecker (Typ E), z.B. vom Föhn, hingegen schon.

In die EU dürfen bei der Rückreise eingeführt werden: Geschenke im Wert von bis zu 430 Euro, 200 Zigaretten, 500 g Kaffee, 50 g Parfüm, 2 l Wein und 1 l Spirituosen. Streng verboten ist die Einfuhr von Souvenirs aus geschützten Tieren oder Pflanzen.

KLIMA & REISEZEIT

Im Norden ist es das ganze Jahr über heiß und trocken. Im äußersten Süden ist es dagegen selbst im chilenischen

Sommer (Nov.–März) kühl und wechselhaft. Die mittleren Regionen haben ein angenehmes, fast mediterranes Klima mit langen, trockenen Sommern und einer Regenzeit (Mai–Aug.). Die Jahreszeiten in Chile sind gegenüber Europa um sechs Monate versetzt. Die schönste Reisezeit für Mittel- und Südchile ist November bis März, für den Norden das ganze Jahr über.

Am besten solltest du Kleidung für alle Wetterlagen einpacken. Leichte, luftige Kleidung für die sonnigen Tage im Zentrum und Norden; in den Anden und in Patagonien ist warme, wetterfeste Kleidung angesagt. Auch in der Atacamawüste wird es nachts kalt.

WEITER-KOMMEN

MIETWAGEN

Das Mindestalter beträgt bei den meisten Vermietern 22 Jahre. In der Regel genügt der nationale Führerschein; erforderlich ist eine ausreichend gedeckte Kreditkarte. Die Preise reichen von 20 Euro/Tag für einen Kleinwagen bis zu 90 Euro für einen Geländewagen. Beim Abschluss des Mietvertrags sollte man auf unbegrenzte Kilometerzahl und Pannendienst achten sowie eine Vollkaskoversicherung einbeziehen. Einwegmieten können angesichts der großen Entfernungen teuer werden; frag nach Überführungsangeboten!

Für die Reisesaison (Nov.–März) wird eine frühzeitige Reservierung empfohlen, beliebte Modelle (speziell Jeeps und SUVs) sind früh ausgebucht, ebenso die wenigen Wohnmobile. Für die Erd- und Schotterpisten im Norden und in Patagonien (im Süden) sind geländegängige Fahrzeuge unabdingbar. Bei Fahrten in abgelegene Gebiete sind ein zweites Ersatzrad und ein Benzinkanister nützlich. Angebote für Autovermietungen findest du auch unter *marcopolo.de*.

AUTOVERKEHR

Die Höchstgeschwindigkeit beträgt innerorts 60, auf Landstraßen 100, auf Autobahnen 120 km/h. Das Autofahren ist ungefährlich, wenn man bestimmte Regeln beachtet: 1. Fahr in Begleitung einer anderen Person, die dich am Steuer ablösen kann. 2. Tanke in abgelegenen Regionen bei jeder Gelegenheit und immer voll; die Abstände zwischen den Tankstellen können groß sein. 3. Erkundige dich bei den Carabineros nach dem Zustand von Pisten in abgelegenen Gebieten. 4. Befahre Schotterstraßen vorsichtig und begegne anderen Fahrzeugen langsam (Steinschlag!). 5. Vermeide Nachtfahrten. 6. Lass keine Wertgegenstände oder Gepäck offen im Wagen zurück. 7. Besorg dir gute Karten bei *maps.trek kingchile.com* oder der Tankstellenkette Copec.

TAXI

Taxifahrer an Flughäfen und Busbahnhöfen warten meist auf unwissende Touristen, um ihnen einen höheren Preis abzuknüpfen. Deshalb solltest den Preis vorher aushandeln oder darauf achten, dass das Taxameter einge-

FESTE & EVENTS
RUND UMS JAHR

JANUAR
Carnaval Andino Con la Fuerza del Sol: Andenkarneval in Arica; *aricafuerzadelsol.cl* (Foto)
Santiago A Mil: Theaterfestival in Santiago de Chile; *stgoamil.cl*
Fiesta del Roto Chileno: Straßenfest in Barrio Yungay, Santiago
Festival del Huaso: Volks- und Musikfest in Olmué; *festivaldelhuaso.cl*
Festival de la Leche y la Carne: Volksfest in Osorno; *festivalosorno.cl*

FEBRUAR
Festival Internacional de la Canción: Schlagerfest in Viña del Mar; *festivaldevina.cl*
Noche Valdiviana: Stadtfest in Valdivia; *nochevaldiviana.cl*
Carnavalón: religiöses Fest der indigenen Völker in San Miguel de Azapa, Putre, Socoroma
Nómade: Musikfestival in Manquemapu; *festivalnomade.cl*
Woodstaco: Musikfestival in Parral; *woodstaco.com*

MÄRZ
Vendimia: Weinlesefest in den Winzerhochburgen, z.B. in Curicó

APRIL/MAI
Cumbre Guachaca: Volksfest in Santiago; *guachacas.cl*

JUNI/JULI
We Tripantu/Inti Raymi: Neujahrsfest der indigenen Völker
Fiesta de San Pedro: religiöses Fest der Fischer an Fischerorten
Carnavales de invierno: Winterfeste in Punta Arenas, Puerto Williams

SEPTEMBER
Fiestas Patrias zum Nationalfeiertag im ganzen Land
Fiesta de la Pampilla: Chiles größte Festwiese in Coquimbo

DEZEMBER
Año Nuevo: Silvester, besonders schön in Valparaíso

schaltet ist und der Fahrer keine absichtlichen Umwege fährt (z.B. mit Google Maps den Weg überprüfen). Taxi-Apps wie Uber, Cabify und Beat werden am häufigsten genutzt.

BUSSE & BAHNEN

Chile ist mit einem guten Busnetz überzogen. Auf den Überlandstrecken fahren moderne, klimatisierte Busse mit Toiletten. Für lange Strecken sollte man 1. Klasse *(salón cama)* wählen – die Preise sind vergleichsweise niedrig. Das größte Streckennetz und einen guten Service bietet die Gesellschaft *Turbus*, deren Online-Buchung aber nur mit chilenischen Kreditkarten funktioniert *(tur bus.cl)*. Tickets anderer Gesellschaften kannst du auf der Plattform *recorrido.cl* reservieren und mit PayPal bezahlen. Ansonsten kannst du auch direkt am Busbahnhof *(Terminal de Buses)* das Ticket kaufen. Züge verkehren nur noch zwischen Santiago und Chillán (mit Speisewagen). Auskunft in Santiago: *Tel. 6005 85 50 00 | trencentral.cl*

GRÜN & FAIR REISEN

Du willst beim Reisen deine CO_2-Bilanz im Hinterkopf behalten? Dann kannst du deine Emissionen kompensieren *(atmosfair.de; myclimate.org)*, deine Route umweltgerecht planen *(routerank.com)* oder auf Natur und Kultur *(gate-tourismus.de)* achten. Mehr über ökologischen Tourismus erfährst du hier: *oete.de* (europaweit); *germanwatch.org* (weltweit).

Für das Stadtbusnetz und die Metro in Santiago benötigt man eine Prepaidkarte *(Bip!)*, die für 1000 Pesos (ca. 1 Euro) an den Metrostationen erhältlich ist. Stoßzeiten (7–9 und 18–20 Uhr) solltet du vermeiden.

INLANDSFLÜGE

Angesichts der riesigen Entfernungen ist Fliegen oft der einzig praktikable Weg, um Ziele ganz im Norden oder im tiefen Süden zu erreichen. Den nationalen Markt dominiert *LATAM* (ehemals LAN, *Tel. 6005262000 | latam.com*); einziger landesweit operierender Konkurrent ist *Sky Airline (Tel. 6006002828 | skyairline.cl)*, 2016 zum Billigflieger umstrukturiert. Ein Flug von Santiago ins rund 2000 km südlich gelegene Punta Arenas kostet hin und zurück ab ca. 50 Euro.

IM URLAUB

AUSKUNFT & VERANSTALTER

Contactchile: Die deutschsprachige Serviceagentur in Santiago bietet umfangreiche Landesinformationen sowie Hilfe bei der Reiseplanung und Buchung von Mietwagen, Inlandsflügen und Schiffstouren. *contactchile.de*

Fair Chile: Die gemeinnützige Stiftung *Trekkingchile* hat dieses Programm initiiert, über das Touristen und Reiseveranstalter ihren ökologischen Fußabdruck kompensieren können. Mit den Einnahmen aus Spenden und dem Verkauf von Ökoprodukten wird u.a. die Aufforstung mit einheimischen Baumarten finanziert. *trekkingchile.com/fair-chile/de*

Sernatur: Nationales Tourismusbüro mit vielen Zweigstellen; Santiago: *Mo–Fr 9–18, Sa 9–14 Uhr | Av. Providencia 1550 | Tel. 2 27 31 83 36 | sernatur.cl*

This is Chile: Reisen, studieren, leben, Geschäfte machen – um diese Themen kreisen die Infos und Reportagen der Website *thisischile.cl* (Engl./Span.).

CAMPING

Vor allem in Touristenzentren und Nationalparks finden sich gut ausgestattete Plätze. In manchen Schutzgebieten ist Wildzelten mit Einschränkungen gestattet. Auf Zeltplätzen am Strand und in Urlaubsorten geht's meist lebhaft zu – bis tief in die Nacht. Einen Campingführer *(Turismo Aventura)* gibt es an den Copec-Tankstellen.

FEIERTAGE

1. Jan.	Neujahr
März/April	Ostern
1. Mai	Tag der Arbeit
21. Mai	Seeschlacht v. Iquique
29. Juni*	Peter und Paul
16. Juli	Jungfrau Carmen
15. Aug.	Mariä Himmelfahrt
18. Sept.	Unabhängigkeitstag
19. Sept.	Tag des Heeres
12. Okt.*	Entdeckung Amerikas
31. Okt.*	Tag der ev. Kirchen
1. Nov.	Allerheiligen
8. Dez.	Mariä Empfängnis
25. Dez.	Weihnachten

* werden auf den nächsten Mo verlegt, wenn sie auf Sa/So fallen

GELD & PREISE

Landeswährung ist der Peso; Münzen gibt es zu 10, 50, 100 und 500 Pesos, Banknoten zu 1000, 2000, 5000, 10 000 und 20 000 Pesos. Ein Euro entspricht zzt. ca. 875 Pesos (Stand Juli 2021).
Banken haben 9–14 Uhr geöffnet. Bargeld tauschst du günstiger bei einer der Wechselstuben *(casas de cambio)* in Santiago. An Bankautomaten mit dem Logo „Redbanc" kannst du mit EC- oder Kreditkarte Bargeld abheben (200 000 Pesos pro Tag). Die meisten Banken verlangen eine Gebühr; bei der Scotiabank kann man mit manchen VISA-Karten kostenfrei abheben. Die meisten Hotels, Restaurants und Geschäfte akzeptieren Kreditkarten (Visa, Mastercard). Steck dir für Reisen in abgelegene Regionen genügend Bargeld ein.

WAS KOSTET WIE VIEL?

Kaffee	*2 Euro für einen Espresso*
Bier	*4 Euro für einen „Schop" (0,5 l)*
Imbiss	*4 Euro für ein chilen. Sandwich*
Metro	*80 Cent für eine Fahrt in Santiago*
Taxi	*80 Cent pro Kilometer*
Alpakaschal	*20 Euro handgewebt*

Chile gehört mit Brasilien zu den teuersten Ländern in Lateinamerika. Zu den preiswerten Dingen gehören Bus- und Bahnfahrten, einfache Restaurants, Obst und Gemüse auf Märkten sowie Souvenirs. Unterkünfte und Restaurants in touristischen oder wohlhabenderen Stadtvierteln können dagegen europäisches Preisniveau erreichen, die meisten Lebensmittel und Industrieprodukte sind sogar teurer.

INTERNETZUGANG & WLAN

In den meisten Unterkünften, ob einfaches Hostel oder gutes Hotel, ist die WLAN-Verbindung für Gäste im Preis inbegriffen. Ebenso kann man in vielen Cafés und Restaurants mit Notebook, Tablet oder Smartphone lossurfen – am besten die Bedienung nach dem entsprechenden Passwort *(la clave)* fragen.

Für die Erreichbarkeit und die Navigation unterwegs bietet sich ein Smartphone-Chip an, mit dem du im Mobilfunknetz online gehen kannst. Den Chip bekommst du im Handyladen, Kaufhaus oder im Kiosk für 1000 Pesos (Startguthaben inklusive); nachgeladen wird per Kreditkarte. Siehe auch „Telefon & Handy".

POST

Ein Standardbrief nach Europa kostet ca. 70 Cent und braucht 5–8 Tage. Briefkästen sind unüblich, die Post *(Correos de Chile)* unterhält überall Filialen.

TELEFON & HANDY

Chile (Vorwahl 0056) verfügt über ein modernes Telefonnetz mit mehreren Anbietern. Handys sind weit verbreitet, allerdings brechen die Digitalnetze in abgelegenen Regionen schnell zusammen. Die meisten europäischen Mobilfunkbetreiber bieten für Chile Roaming an, aber häufig zu hohen Preisen. Die SIM-Karte deines Handys gegen einen chilenischen Prepaidchip auszutauschen ist preiswerter. Chilenische Handynummern sind neunstellig mit einer 9 am Anfang. Für Anrufe ins Ausland nutzt du am besten Internetdienste wie Skype oder Whatsapp. Vorwahl nach Deutschland: 0049, nach Österreich: 0043, in die Schweiz: 0041.

TRINKGELD

Ca. 10 Prozent Trinkgeld werden im Restaurant erwartet; man lässt einen Teil des Wechselgelds zurück oder zahlt das Trinkgeld mit der Kredikarte gleich mit. Kofferträger, Zimmermädchen, Einpacker im Supermarkt und andere Dienstleister erwarten ein paar Münzen, weil sie davon leben müssen.

TURISMO RURAL

Traditionelles Essen, Gespräche mit Einheimischen und einen geringen ökologischen Fußabdruck – das verspricht der *Turismo Rural* in Chile. Um der wachsenden Armut in ländlichen Regionen entgegenzuwirken, hat die chilenische Regierung vor einigen Jahren ein Programm zur Unterstützung des Landtourismus ins Leben gerufen. Dahinter steckt die Idee, dass die Touristen statt in Hotelketten, in Unterkünften der Einheimischen übernachten und in deren Restaurants das traditionelle Essen probieren sollen. So unterstützt man nicht nur die Landbevölkerung, sondern lernt Chile auf eine ganz authentische Weise kennen. Eine Übersicht der Angebote mit Preisen findest du auf der Website *chileturismorural.cl*

NOTFÄLLE

DIPLOMATISCHE VERTRETUNGEN

- *Deutsche Botschaft | Las Hualtatas 5677 | Vitacura, Santiago | Tel. 2 24 63 25 00 | santiago.diplo.de*
- *Österreichische Botschaft | Barros Errázuriz 1968 | Providencia, Santiago | Tel. 2 22 23 47 74 | short.tra vel/chl5*
- *Schweizer Botschaft | Av. Vespucio Sur 100, piso 14 | Las Condes, Santiago | Tel. 2 29 28 01 00 | eda.admin.ch/santiago*

GESUNDHEIT

Impfungen sind für Chile nicht notwendig. Bei Bedarf findest du in allen großen Städten Kliniken mit erstklassigem medizinischem Standard; viele Ärzte sprechen Englisch. Apotheken *(farmacias)* sind oft bis tief in die Nacht geöffnet oder zeigen den nächstgelegenen Notdienst an. In Chile sind alle handelsüblichen Medikamente erhältlich. Wer Salate, Fruchtsäfte, in Fett Gebratenes oder ungeschälte Früchte auf schmuddeligen Märkten zu sich nimmt, darf sich über die folgende „Chilenitis" nicht wundern. Vorsicht mit rohem Fisch und Meeresfrüchten, sie sollten frisch sein! Tropische Viren wie Chikungunya oder Zika musst du in Chile nicht fürchten.

NOTRUF

Notrufnummer Polizei *(carabineros)*: *Tel. 133*, Ambulanz: *Tel. 131*

WETTER IN SANTIAGO

Hauptsaison (Jan., Feb., Nov., Dez.) / Nebensaison (März–Okt.)

	JAN.	FEB.	MÄRZ	APRIL	MAI	JUNI	JULI	AUG.	SEPT.	OKT.	NOV.	DEZ.
Tagestemperaturen	29°	29°	27°	23°	18°	14°	15°	17°	19°	22°	26°	28°
Nachttemperaturen	12°	11°	9°	7°	5°	3°	3°	4°	6°	7°	9°	11°
Sonnenschein Stunden/Tag	11	9	8	6	4	3	3	4	5	6	9	10
Niederschlag Tage/Monat	0	0	1	1	5	6	6	5	3	3	1	0

SPICKZETTEL SPANISCH

SMALLTALK

ja/nein/vielleicht	**sí/no/quizás**
bitte/danke	**por favor/gracias**
Hallo!/Auf Wiedersehen!/Tschüss!	**¡Hola!/¡Adiós!/¡Hasta luego!**
Gute(n) Tag!/Abend!/Nacht!	**¡Buenos días!/¡Buenas tardes!/¡Buenas noches!**
Entschuldige!/Entschuldigen Sie!	**¡Perdona!/¡Perdone!**
Darf ich …?	**¿Puedo …?**
Wie bitte?	**¿Cómo dice?**
Ich heiße …	**Me llamo …**
Wie heißen Sie?/ Wie heißt du?	**¿Cómo se llama usted?/ ¿Cómo te llamas?**
Ich komme aus … Deutschland/ Österreich/Schweiz	**Soy de … Alemania/Austria/ Suiza**
Das gefällt mir (nicht).	**Esto (no) me gusta.**
Ich möchte …/Haben Sie …?	**Querría …/¿Tiene usted …?**

ZEIGEBILDER

ESSEN & TRINKEN

Die Speisekarte, bitte!	¡El menú, por favor!
teuer/billig/Preis	caro/barato/precio
Könnten Sie mir bitte ... bringen?	¿Podría traerme ... por favor?
Flasche/Karaffe/Glas	botella/jarra/vaso
Messer/Gabel/Löffel	cuchillo/tenedor/cuchara
Salz/Pfeffer/Zucker	sal/pimienta/azúcar
Essig/Öl/Milch/Zitrone	vinagre/aceite/leche/limón
kalt/versalzen/nicht gar	frío/demasiado salado/sin hacer
mit/ohne Eis/Kohlensäure	con/sin hielo/gas
Vegetarier/Vegetarierin/Allergie	vegetariano/vegetariana/alergía
Ich möchte zahlen, bitte.	Querría pagar, por favor.
Rechnung/Quittung/Trinkgeld	cuenta/recibo/propina

NÜTZLICHES

Wo ist ...? /Wo sind ...?	¿Dónde está ...? /¿Dónde están ...?
Wie viel Uhr ist es?	¿Qué hora es?
heute/morgen/gestern	hoy/mañana/ayer
Wie viel kostet ...?	¿Cuánto cuesta ...?
Wo finde ich einen Internetzugang/ WLAN?	¿Dónde encuentro un acceso a internet/wifi?
Hilfe!/Achtung!/Vorsicht!	¡Socorro!/¡Atención!/¡Cuidado!
Apotheke/Drogerie	farmacia/droguería
kaputt/funktioniert nicht	roto/no funciona
Panne/Werkstatt	avería/taller
Darf ich hier fotografieren?	¿Podría fotografiar aquí?
offen/geschlossen/Öffnungszeiten	abierto/cerrado/horario
Eingang/Ausgang	entrada/salida
Toiletten (Damen/Herren)	aseos (señoras/caballeros)
(kein) Trinkwasser	agua (no) potable
Frühstück/Halbpension/Vollpension	desayuno/media pensión/pensión completa
Parkplatz/Parkhaus	parking/garaje
Ich möchte ... mieten.	Querría alquilar ...
ein Auto/ein Fahrrad/ein Boot	un coche/una bicicleta/un barco
0/1/2/3/4/5/6/7/8/9/10/100/1000	cero/un, uno, una/dos/tres/ cuatro/cinco/seis/siete/ocho/ nueve/diez/cien, ciento/mil

URLAUBS FEELING

ZUM EINSTIMMEN & AUSKLINGEN

LESESTOFF & FILMFUTTER

DAS GEISTERHAUS
Die Chronik einer chilenischen Oberschichtsfamilie wurde zu dem (auch verfilmten) Welterfolg der berühmtesten chilenischen Erzählerin Isabel Allende, einer Nichte Salvador Allendes.

MACHUCA
Das Drama vom chilenischen Regisseur Andrés Wood (2004) erzählt die Geschichte einer Freundschaft zwischen zwei Jungen aus unterschiedlichen sozialen Schichten vor und während des Militärputschs 1973. Es zeigt die soziale Ungleichheit, die bis heute die chilenische Gesellschaft spaltet.

COLONIA DIGNIDAD
Eine deutsche Sektengemeinschaft in Chiles Süden, in der während der Pinochet-Diktatur Regimegegner gefoltert wurden – um diese wahre Geschichte geht es im Thriller mit Daniel Brühl und Emma Watson in den Hauptrollen (2015) – Lovestory inklusive.

EINE FANTASTISCHE FRAU
2018 als bester fremdsprachiger Film mit dem Oscar ausgezeichnet, erzählt dieses Drama von Sebastián Lelio die Geschichte einer Transgender-Frau in Santiago.

PLAYLIST PROTESTSONGS

0:58

- **ANITA TIJOUX – SHOCK**
  Sozialkritischer Rap zur Studentenbewegung 2011
- **VICTOR JARA – EL DERECHO DE VIVIR EN PAZ**
  Das Folklorelied „Das Recht, in Frieden zu leben“ läuft bis heute bei jedem Protest
- **LOS JAIVAS – TODOS JUNTOS**
  Progressiver Folk-Rock aus den 70er-Jahren
- **VIOLETA PARA – GRACIAS A LA VIDA**
  Ein Lied über das Leben von der Symbolfigur der Arbeiterklasse
- **LOS PRISIONEROS – EL BAILE DE LOS QUE SOBRAN**
  Rockmusik als Widerstand gegen die Pinochet-Diktatur
- **MON LAFERTE – PLATA TA TÁ**
  Ein Protest-Reggaeton zum Aufstand 2019

Den Soundtrack zum Urlaub gibt's auf **Spotify** unter **MARCO POLO** Chile

Oder Code mit Spotify-App scannen

AB INS NETZ

CHILE ADICTO
Instagramblog mit den schönsten Orten Chiles. Es gibt auch eine Version für die Hauptstadt: Santiago Adicto.

TREKKINGCHILE.COM
Die deutschsprachige Informationsquelle für Wanderungen und Touren: online stöbern, Tour mit Karte runterladen, offline im Gelände nutzen.

SOUTHTRAVELER.DE
Der Lateinamerika-Blogger Daniel Tischer schreibt über Chile und die Nachbarländer und bietet allerlei Kurioses, interessante Fakten und praktische Tipps.

WAZE
Die Chilenen lieben diese nützliche Navigations-App – und füttern sie permanent mit Infos zu Staus, Unfällen und Blitzern.

#HIGHLIGHTSCL
Diesen Hashtag hat eine Gruppe chilenischer Fotografen ins Leben gerufen, die auf Instagram Fotos von besonders schönen und eher unbekannten Orten teilen.

TRAVEL PURSUIT

DAS MARCO POLO URLAUBSQUIZ

Weißt du, wie Chile tickt? Teste hier dein Wissen über die kleinen Geheimnisse und Eigenheiten von Land und Leuten. Die Lösungen findest du in der Fußzeile. Und ganz ausführlich auf den S. 20–25.

❶ Wie heißt der chilenische Nationaltanz?

a) Salsa
b) Cueca
c) Bachata

❷ Welches ist das größte indigene Volk Chiles?

a) Mapuche
b) Aimara
c) Quechua

❸ Wodurch wurden die Proteste in Santiago am 18. Oktober 2019 ausgelöst?

a) durch ein Erdbeben
b) durch ein neues Gesetz
c) durch die Erhöhung der U-Bahn-Fahrpreise

❹ Wie heißt der Diktator, der bis 1990 in Chile an der Macht war?

a) Salvador Allende
b) Augusto Pinochet
c) Sebastián Piñera

❺ Wie wird die chilenische Fußballnationalmannschaft genannt?

a) La Roja
b) La Verde
c) La Azul

❻ In welchem Jahr erlebte Chile das stärkste Erdbeben, das je auf der Welt gemessen wurde?

a) 2010
b) 1960
c) 1575

Lösungen: 1b, 2a, 3c, 4b, 5a, 6b, 7a, 8c, 9a, 10a, 11b, 12a

Türen schließen bei der Abfahrt: U-Bahn in Santiago de Chile

❼ Warum heißt der chilenische National-Cocktail *Terremoto* („Erdbeben")?

a) weil man sich nach seinem Verzehr kaum noch auf den Beinen halten kann
b) weil er nach Erde schmeckt
c) weil er immer nach einem Erdbeben getrunken wird

❽ Welcher Ort gilt als Trennlinie zwischen Arm und Reich in Santiago?

a) die Plaza Victoria
b) die Plaza Brasil
c) die Plaza Italia

❾ Wie heißt die U-Bahn in Santiago?

a) Metro
b) Tram
c) Tube

❿ Wie heißt die feministische Performance aus Chile, die weltweit viral gegangen ist?

a) Un violador en tu camino
b) Ni Una Menos
c) No Más Machismo

⓫ Was bedeutet in Chile *voy saliendo?*

a) Ich gehe gerade los
b) Ich bin noch nicht losgegangen
c) Ich bin schon losgegangen

⓬ Welches Wahlversprechen hat der sozialistische Präsident Salvador Allende eingehalten?

a) ein halber Liter kostenlose Milch für alle Kinder
b) ein bedingungsloses Grundeinkommen
c) das Verbot von Coca Cola

REGISTER

LOB ODER KRITIK? WIR FREUEN UNS AUF DEINE NACHRICHT!

Trotz gründlicher Recherche schleichen sich manchmal Fehler ein. Wir hoffen, du hast Verständnis, dass der Verlag dafür keine Haftung übernehmen kann.

MARCO POLO Redaktion • MAIRDUMONT • Postfach 31 51
73751 Ostfildern • info@marcopolo.de

Impressum
Titelbild: Nationalpark Torres del Paine (Schapowalow: J. Banks)
Fotos: S. Boddenberg (139); DuMont Bildarchiv: González (83); Getty Images: J. Reeder (119); Getty Images/Lonely Planet: Mccormack (134/135); Getty Images/Photolibrary: Simoni (26/27); Huber-images: D. Bebber (59), T. Mackie (79), M. Ripani (127); Huber-images/4Corners Images (52); Laif: H. Mascot (45), H. Meyer (104), K.-H. Raach (111), D. Watts (47); Laif/Hemis.fr: J.-P. Azam (97); Laif/Le Figaro Magazine: Fabre (86/87); Laif/robertharding: Y. Levy (75), M. Williams-Ellis (40/41); Look: M. Neumann (76); mauritius images: W. Bibikow (32/33, 54, 112/113), C. Seba (Klappe hinten, 93), J. Ulmer (21, 34/35); mauritius images/age fotostock: L. Davilla (84); mauritius images/AkremaFotoArt (8/9); mauritius images/Alamy: H. Damke (2/3), J. Elk III (48), D. Grandi (71), G. Grotelueschen (33 rechts), F. Negroni (90), M. Omied (56), E. Remsberg (123), D. Stamboulis (61, 115); mauritius images/Alamy/Al Argueta (37); mauritius images/Alamy/Andia (80); mauritius images/Alamy/Cal Sport Media (72); mauritius images/Alamy/Delphotos: J. Banks (Klappe vorne außen, Klappe vorne innen,1); mauritius images/Alamy/Have Camera Will Travel/Central & South America (108); mauritius images/Alamy/Jeffrey Isaac Greenberg 4+ (136/137); mauritius images/Alamy/Nicole Messana Photos (22); mauritius images/Alamy/Trip Nuts and Bolts (24/25); mauritius images/Axiom Photographic: K. Levit (10); mauritius images/Food for Thought/Alamy (28/29); mauritius images/Hemis.fr: C. Le Tourneur d'Ison (13), R. Mattes (6/7); mauritius images/imageBroker: C. Handl (62/63); mauritius images/John Warburton-Lee: P. Harris (30); mauritius images/nature picture library: M. Hougaard (100/101); mauritius images/Pitopia: I. Papp (29 rechts); mauritius images/Radius Images (64/65); mauritius images/robertharding: M. DeFreitas (69); mauritius images/United Archives (16/17); mauritius images/VWPICS/Alamy: C. Kike (98); shutterstock: Ruslana Lurchenko (12); Shutterstock: Gubin Yury (94); Shutterstock/GiannakisPhoto (51); T. Stankiewicz (14/15); Vision 21 (11, 107, 124/125)

9. Auflage 2022, komplett überarbeitet und neu gestaltet

Autoren: Sophia Boddenberg, Malte Sieber; Redaktion: Jochen Schürmann; Bildredaktion: Gabriele Forst
Kartografie: © MAIRDUMONT, Ostfildern (S. 38–39, 114, 118–119, 122, Umschlag außen, Faltkarte); © MAIRDUMONT, Ostfildern, unter Verwendung von Kartendaten von OpenStreetMap, Lizenz CC-BY-SA 2.0 (S. 42–43, 66–67, 88–89, 102–103)
Als touristischer Verlag stellen wir bei den Karten nur den De-facto-Stand dar. Dieser kann von der völkerrechtlichen Lage abweichen und ist völlig wertungsfrei.
Gestaltung Cover, Umschlag und Faltkartencover: bilekjaeger_Kreativagentur mit Zukunftswerkstatt, Stuttgart; Gestaltung Innenlayout: Langenstein Communication GmbH, Ludwigsburg
Spickzettel: in Zusammenarbeit mit PONS GmbH, Stuttgart
Texte hintere Umschlagklappe: Lucia Rojas
Konzept Coverlines: Jutta Metzler, bessere-texte.de

Printed in Germany

FSC www.fsc.org MIX Papier aus verantwortungsvollen Quellen FSC® C155291

MARCO POLO AUTORIN
SOPHIA BODDENBERG
Sophia Boddenberg ist freie Journalistin und kam zum ersten Mal 2014 nach Chile, als die Studenten für ein gerechtes Bildungssystem protestierten. Seitdem reist sie immer wieder für ihre journalistischen Recherchen durch das vielfältige Andenland. Was sie am meisten fasziniert, ist die Lebenseinstellung der Chilenen, die nie die Hoffnung auf eine bessere Zukunft aufgeben.

BLOSS NICHT!

FETTNÄPFCHEN UND REINFÄLLE VERMEIDEN

BEI ERDBEBEN IN PANIK GERATEN

Ein leichtes Wackeln, ein *temblor* ist in Chile ganz normal, also bleib ruhig! Sollte es mal stärker „wackeln", nicht panikartig den Raum oder das Gebäudeverlassen, sondern such Schutz unterm Türbogen, notfalls unterm Tisch. Die Benutzung von Aufzügen vermeiden; eine Taschenlampe sollte griffbereit sein.

WERTSACHEN ZUR SCHAU STELLEN

Chile ist das sicherste Reiseland Südamerikas. Trotzdem gibt es in den großen Städten Taschendiebe. Trage deine Wertsachen nicht offen sichtbar herum. Also Kamera in den Rucksack, Handy in die Hosentasche, die Rolex zu Hause lassen.

DAS WORT INDIANER VERWENDEN

Ein Zehntel der chilenischen Bevölkerung fühlt sich einem der neun indigenen Völker zugehörig. Damit sind die Völker gemeint, die schon vor der Ankunft der spanischen Konquistadoren auf dem Kontinent lebten. Jedes Volk hat seine Sprache, seine Bräuche und seine Kultur. Der Begriff „Indianer" wird deshalb als rassistisch und beleidigend aufgefasst.

PÜNKTLICH KOMMEN

Chilenen kommen zu Verabredungen mindestens eine Viertelstunde zu spät und rufen grundsätzlich nicht zurück. Als geradezu unhöflich gilt es, bei privaten Einladungen pünktlich auf die Minute aufzukreuzen – mindestens eine halbe Stunde Puffer solltest du den Gastgebern einräumen.

DAS KÜSSCHEN VERGESSEN

Chilenischen Frauen darf man oder frau bei der Begrüßung ein (und nur ein!) Küsschen auf die rechte Wange hauchen – egal, ob man sich kennt oder nicht! Bei förmlichen Anlässen oder großem Altersunterschied kann man auch die Hand geben oder beides zugleich. Männer untereinander begrüßen sich mit Handschlag, gute Freunde auch mit Schulterklopfen und Umarmung.